Monika & Nicole Helbig

Wunderschöner Perlenschmuck

CREATIV COMPACT

CHRISTOPHORUS

Inhalt

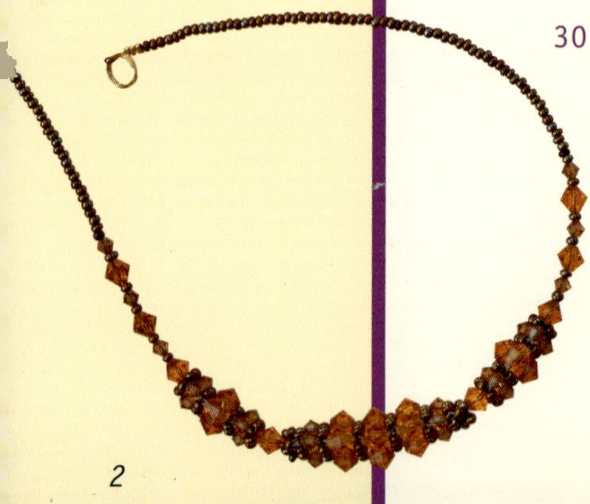

Edler Glanz

Swarovski-Kristallschliffperlen sind mit ihrem unvergleichbaren Schliff zwar zeitlos modern, zurzeit erfreuen sie sich jedoch einer besonderen Beliebtheit. Sie ermöglichen es, dass selbst gemachter Modeschmuck funkelt und glitzert, als wäre er in einem Designergeschäft gekauft.

Dieser neue Chic hat auch uns inspiriert! Kombiniert mit Renaissance-Perlen, Glasperlen und anderen Details geben die Swarovski-Kristallschliffperlen diesen Ketten, Ringen und Armbändern das besondere Etwas. Großen Wert haben wir dabei auf Farbkombination und Design gelegt. Sicherlich finden auch Sie in diesem Buch ein Lieblingsstück für sich. Variieren Sie die Modelle auch mal mit anderen Perlen oder Farben – gerade so, wie es Ihnen gefällt!

Ihre Freunde und Familie werden sicher mit sehnsüchtigem Blick auf diese Einzelstücke schauen und Sie garantiert um ein Schmuckstück als Geschenk bitten.

Bei der Ausarbeitung wünschen wir Ihnen viel Spaß und gutes Gelingen!

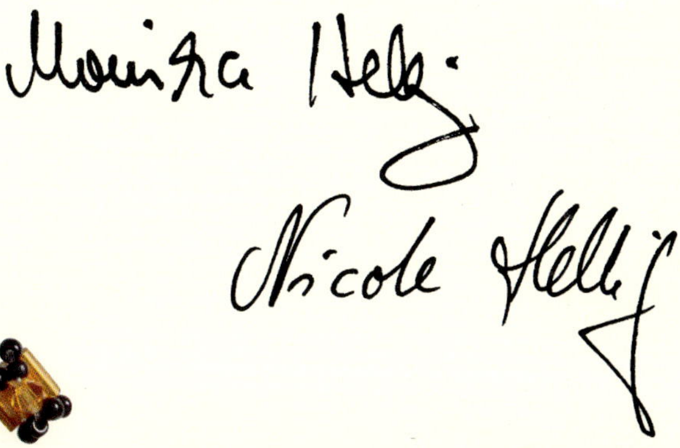

Das Material

Perlen

Alle verwendeten Perlen werden im Fachhandel in verschiedenen Farben und Formen angeboten. Rocailles gibt es in den Größen 2 mm ∅, 2,5 bzw. 2,6 mm ∅ und 4 bis 5 mm ∅ (die Größenangaben variieren je nach Hersteller). Die größeren Rocailles (4,5 bzw. 5 mm) werden auch Indianerperlen genannt. Eine Dose Rocailles entspricht einer Menge von 15 bis 17 Gramm. Swarovski-Perlen sind Kristallglasperlen mit einem besonderen Schliff, der ihnen einen besonderen Glanz und ihr Funkeln verleiht. Anstatt Swarovski-Perlen können auch entsprechende Glasschliffperlen verwendet werden. Strass-Steine zum Aufreihen gibt es in verschiedenen Größen und Materialien (Swarovskisteine, Strass und Acryl). Sie haben hinten ein Metallkreuz, welches das Auffädeln ermöglicht. Darauf achten, dass sich die Fäden im Strass-Stein kreuzen.

Draht & Perlonfaden

Als Schmuckdraht bezeichnen wir kunststoffummantelten Metalldraht (nyloncoated jewelry wire) in 0,25 mm Durchmesser. Er ist sehr flexibel und eignet sich besonders gut zum Auffädeln der verschiedenen Schmuckstücke, da er sich nicht wellt. Alternativ kann auch Perlonfaden in 0,25 mm Durchmesser verwendet werden.

Verschlüsse

Karabiner, Federringverschlüsse oder Knebel-Verschlüsse gibt es im Fachhandel in verschiedenen Formen, Farben und Größen, ebenso Quetschperlen in Schwarz, Gold und Silber. Quetschperlen mit einer Zange zusammendrücken, dann verhindern sie das Zurückrutschen von Draht und Faden.

Tipps & Tricks

- Zu Beginn der Arbeit prüfen, ob Draht oder Faden viermal durch die Perlen passt.
- Die Schmuckstücke der individuellen Länge anpassen, indem die sich wiederholenden Muster variiert werden. Das Hauptmuster/Motiv wird dabei nicht verändert!
- Wenn etwas mit Kleber zu fixieren ist, am besten Sekundenkleber verwenden.

So wirds gemacht

Ketten & Armbänder

1 Den Verschluss wie abgebildet in der Faden- oder der Drahtmitte befestigen. Dazu den Faden doppelt nehmen, mit der Schlaufe durch den Verschluss schieben und die zwei einzelnen Enden durch die Schlaufe ziehen.

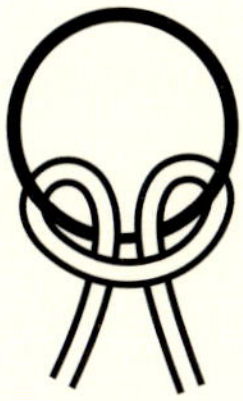

2 Immer mit drei Quetschperlen auf beiden Fäden beginnen. Bitte beachten: Die Quetschperlen und der Verschluss sind auf der Vorlage nicht eingezeichnet! Dann nach der jeweiligen Vorlage weiterarbeiten. Dort sind teilweise die Perlen nur mit ihrer Anzahl angegeben. Ketten und Armbänder sind immer nur so weit abgebildet, wie es zur Erstellung des Schmuckstückes nötig ist.

3 Zuletzt drei Quetschperlen und das zweite Verschlussteil an der anderen Seite befestigen. Den Faden oder Draht so weit wie möglich durch möglichst viele Perlen zurückführen, und zwar so, wie aufgefädelt wurde. Umso fester und sicherer wird das Schmuckstück. Überstände abschneiden.

4 Die Drahtenden evtl. mit Sekundenkleber fixieren. Die Quetschperlen vorsichtig mit der Zange an den Enden zusammendrücken. Dabei darauf achten, dass Draht oder Faden nicht verletzt werden.

Ringe

1 In der Mitte des Drahtes am Kreuz in der Vorlage beginnen und den Ring der Zeichnung nach auffädeln. Zum Teil werden mehrere Schritte hintereinander benötigt.

2 Den Ringsteg nach der jeweiligen Vorlage mit Perlen bestücken. Bei ausreichender Länge den Ringsteg mit dem Muster zusammenführen und zu einem Kreis schließen. Die Drahtenden so durch die Perlen zurückführen, wie sie aufgefädelt wurden.

Material

Alle

- Schmuckdraht oder Perlonfaden, 0,25 mm ∅

Kette (40 cm)

- 1 Dose Stiftperlen in Gold, 12 x 2,5 mm
- 1 Dose Stiftperlen in Gold, 13 x 2,5 mm
- 1 Dose Stiftperlen in Orange, 6 x 2 mm
- 1 Dose Rocailles in Schwarz, 2,6 mm ∅
- 20 Swarovski-Perlen in Topas, 4 mm ∅
- 12 Swarovski-Strass-Steine in Topas, 6 mm ∅
- Karabiner-Verschluss in Gold, 1,8 cm ∅
- 6 Quetschperlen in Gold

Ring

- 2 Swarovski-Perlen in Topas, 4 mm ∅
- 1 Dose Stiftperlen in Gold, 12 x 2,5 mm
- 1 Dose Rocailles in Schwarz, 2,6 mm ∅
- 4 Stiftperlen in Orange, 6 x 2 mm
- Swarovski-Strass-Stein in Topas, 6 mm ∅

Ohrringe

- 2 Ohrstecker in Gold
- 6 Stiftperlen in Orange, 6 x 2 mm
- Rocailles in Schwarz, 2,6 mm ∅
- 2 Swarovski-Perlen in Topas, 4 mm ∅
- Sekundenkleber

Vorlagenheft
Seiten 2, 3

Edel in Gold

Kette

1,5 m Draht mittig am Verschluss einhängen und mit drei Quetschperlen und fünf Rocailles auf beiden Fäden beginnen. Pro Draht je zehn Rocailles, dann Muster 1 mit 41 Stiftperlen auffädeln. Muster 2 mit 61 größeren Stiftperlen anfügen und noch mal Muster 1 mit 41 Stiftperlen wiederholen. Bei der ersten Stiftperle einen weiteren 1,5 m langen Draht einlegen und mit dem oben liegenden Draht Muster 3 beginnen. Dieses zehnmal über je fünf Stiftperlen arbeiten. Muster 4 anschließend zwölfmal über je fünf Stiftperlen legen und die Kette mit zehnmal Muster 3 beenden. Anschließend die Rocailles und Quetschperlen wie zu Beginn auffädeln, den zweiten Verschlussteil einhängen und die Drähte durch die Kette zurückführen.

Ring

Den Ring der Zeichnung nach mit Stiftperlen auffädeln und bei entsprechender Länge den Ring schließen. Muster 1 einmal über fünf Stiftperlen, Muster 2 einmal über sechs Stiftperlen und Muster 1 wieder über fünf Stiftperlen arbeiten.

Ohrringe

Muster 1 mit vier Stiftperlen auffädeln, dann das Muster 2 über Muster 1 arbeiten und wie abgebildet auffädeln. Dazu den Faden erneut durch die erste Stiftperle führen. Den Faden zuletzt unter dem Muster verknoten und mit Kleber fixieren. Die beiden Muster auf die Ohrstecker kleben.

Leuchtendes Rot

Material

Kette mit Kreisanhänger (41 cm)

- 6 Quetschperlen in Gold
- Karabiner-Verschluss in Gold, 1,8 cm Ø
- 1 Dose Rocailles in Rot, 2 mm Ø
- 12 Swarovski-Perlen in Light Siam, 4 mm Ø
- 8 Swarovski-Perlen in Siam, 4 mm Ø
- Schmuckdraht oder Perlonfaden, 0,25 mm Ø, 1 m

Kette mit Muster (38 cm)

- 6 Quetschperlen in Gold
- 1 Karabiner-Verschluss in Gold, 1,8 cm Ø
- 1 Dose Rocailles in Rot, 2 mm Ø
- 1 Dose Würfelperlen in Rot, 4 x 4 mm
- 4 Swarovski-Perlen in Light Siam, 4 mm Ø
- 2 Swarovski-Perlen in Siam, 6 mm Ø
- Swarovski-Perle in Hellrot, 8 mm Ø
- Schmuckdraht oder Perlonfaden, 0,25 mm Ø, 1,5 m

Vorlagenheft
Seiten 4, 5

Kette mit Kreisanhänger

1 Den **Kreisanhänger** nach der Zeichnung anfertigen, dazu bei einer Rocaille beginnen. Auf einen Draht eine Rocaille, eine dunkle 4-mm- Perle und eine Rocaille fädeln, auf den anderen Faden eine helle 4-mm-Perle. Durch eine Rocaille kreuzen. Nach insgesamt acht Runden diese zu einem Kreis schließen und die Drähte zur dunklen 4-mm-Perle führen.

2 Dann für den **Kettenstrang** pro Seite 20 Rocailles, eine dunkle 4-mm-Perle, 20 Rocailles, eine 4-mm-Perle und weitere 60 Rocailles auffädeln. Wird eine längere Kette benötigt, so kann die Anzahl der Rocailles am Schluss erhöht werden. Die Kette mit Quetschperlen und Verschluss beenden.

Kette mit Muster

Den Draht mittig am Verschluss einhängen, drei Quetschperlen und sieben Rocailles auffädeln. 25-mal Muster 1 mit je einer Würfelperle pro Seite aufreihen und immer in einer Rocaille kreuzen, am Schluss allerdings in einer 4-mm-Perle enden. Dann die Mitte mit immer größer werdenden Swarovski-Perlen anfügen: Nach der 8-mm-Swarovski-Perle Muster 2 mit den drei Swarovski-Perlen gegengleich wiederholen. Die Kette mit 25-mal Muster 1, auf beiden Drähten mit sieben Rocailles, drei Quetschperlen und dem Verschlussteil beenden.

Material

Alle

- Perlonfaden, 0,25 mm ∅

Großer Ring in Grün

- Swarovski-Strass-Stein in Gelb, 6 mm ∅
- 8 Swarovski-Perlen in Gelb, 6 mm ∅ (Farbe A)
- 8 Swarovski-Perlen in Peridot, 6 mm ∅ (Farbe B)
- 8 Goldperlen, 4 mm ∅
- Rocailles in Grau, 2 mm ∅

Großer Ring in Rosa

- Swarovski-Strass-Stein in Siam, 6 mm ∅
- 8 Swarovski-Perlen in Granatrot, 6 mm ∅ (Farbe A)
- 8 Swarovski-Perlen in Rosa, 6 mm ∅ (Farbe B)
- 8 Silberperlen, 4 mm ∅
- Rocailles in Rosa, 2 mm ∅

Kleiner Ring in Blau

- Swarovski-Strass-Stein in Saphire, 4 mm ∅
- 8 Swarovski-Perlen in Capriblau, 4 mm ∅
- Wachsperlen in Weiß, 3 mm ∅, 4 mm ∅

Kleiner Ring in Bordeauxrot

- Swarovski-Strass-Stein in Fuchsia, 4 mm ∅
- 8 Swarovski-Perlen in Fuchsia, 4 mm ∅
- Wachsperlen in Bordeaux, 3 mm ∅, 4 mm ∅

Vorlagenheft
Seiten 6 – 8

Große & kleine Ringe

Große Ringe

1 Drei Goldperlen (Silberperlen) in die Fadenmitte schieben. Die Fäden in einem Strass-Stein kreuzen. Pro Faden eine weitere Goldperle (Silberperle) aufnehmen und in einer dritten Perle die Fäden kreuzen (Schritt 1). Pro Seite je eine Goldperle (Silberperle) auffädeln, die Fäden durch die zweite und dritte Perle zurückführen und in der ersten Perle (Ausgangspunkt) kreuzen (Schritt 2).

2 Schritt 3: Auf einen Faden eine 6-mm-Perle in Farbe A, eine Rocaille, eine 6-mm-Perle in Farbe B und eine Rocaille auffädeln, dann die Fäden in einer 6-mm-Perle in Farbe A kreuzen. Eine Rocaille, eine 6-mm-Perle in Farbe B und eine Rocaille auf den äußeren Faden fädeln, den inneren durch die nächste Goldperle (Silberperle) von Schritt 2 ziehen und dann die Fäden in einer 6-mm-Perle in Farbe A kreuzen. Die zweite Runde siebenmal ausführen, dabei den Kreis schließen.

3 Die Fäden durch jede zweite Swarovski-Perle in Farbe A führen und dazwischen je sechs Rocailles auffädeln. Den Ringsteg mit je fünf Rocailles beginnen und die Fäden immer durch zwei Rocailles kreuzen (Schritt 4).

Schritt 1 und Schritt 2 der **kleinen Ringe** sind identisch mit den großen Ringen (s. o.). Schritt 3 ebenfalls in der gleichen Weise, aber mit anderen Perlen arbeiten. Nach acht Runden den Kreis schließen. Für den Ringsteg mit dem inneren Faden erneut durch eine Reihe Wachsperlen und Swarovski-Perlen gehen und in der äußeren Wachsperle kreuzen. Eine Runde mit großen Wachsperlen arbeiten, dann kleine Perlen benutzen. Den Ringsteg schließen.

Kristall-Ringe

Material

Alle

- Perlonfaden, 0,25 mm ∅

Ring mit Herzkranz

- 6 Swarovski-Herzen, 10,3 x 10 mm
- 6 Swarovski-Perlen in Montan, 4 mm ∅
- Rocailles in Kristallklar, 2 mm ∅

Ring mit 4 Herzen

- 4 Swarovski-Herzen, 10,3 x 10 mm
- 4 Swarovski-Perlen in Siam, 4 mm ∅
- Rocailles in Schwarz, 2 mm ∅

Ring mit Tropfen

- 6 Swarovski-Tropfen, 11 x 5,5 mm
- 6 Swarovski-Perlen in Kristallklar, 6 mm ∅
- Rocailles in Kristallklar, 2 mm ∅

Vorlagenheft

Seiten 9, 10

Ring mit Herzkranz

1 Eine Rocaille in die Fadenmitte (1,5 m) schieben. Mit einem Ende vier Rocailles, mit dem anderen eine Swarovski-Perle aufnehmen und beide Fäden durch eine Rocaille kreuzen. Diesen Schritt 1 sechsmal ausführen, dabei zum Schluss durch die Anfangsperle kreuzen.

2 Schritt 2: Auf den äußeren Faden das Herz einhängen und drei Rocailles auffädeln. Den Faden erneut durch die Anfangsrocaille des 1. Schrittes und durch vier Rocailles ziehen. Den inneren Faden durch die Swarovski-Perle führen. Beide Fäden kreuzen sich in der nächsten seitlichen Rocaille und wechseln die Position. Alle sechs Herzen verbrauchen. Am Ende kreuzen beide Fäden die äußeren vier Rocailles der letzten Runde. Für den Ringsteg je drei Rocailles aufziehen und die Fäden in immer zwei Rocailles kreuzen.

Den **Ring mit vier Herzen** nach der gleichen Vorlage arbeiten, aber nur mit vier Perlen und vier Herzen.

Für den **Ring mit Tropfen** fünf Rocailles mittig aufschieben (1,5 m Faden) und in einer Rocaille kreuzen (Schritt 1). Schritt 2 mit einer Swarovski-Perle auf dem linken Faden beginnen. Dann immer wieder eine Rocaille, einen Tropfen und eine Rocaille auf den äußeren Faden fädeln und beide Fäden in einer Swarovski-Perle und der nächsten Rocaille aus der ersten Runde kreuzen. Nach sechs Tropfen den Kreis schließen. Für den Ringsteg die Fäden zu den äußeren drei Perlen führen, diese kreuzen und pro Seite jeweils drei Rocailles aufnehmen und immer in zwei Rocailles kreuzen.

Material

Alle

- Schmuckdraht oder Perlonfaden, 0,25 mm Ø

Blaue Kette (44 cm) & Blauer Ring

- je 6 Swarovski-Perlen, rund, in Saphire, 6 mm Ø
- je 6 Swarovski-Perlen in Grau, 4 mm Ø
- Rocailles in Blau, 2 mm Ø
- 1 Dose Silberperlen, 4 mm Ø
- 1 Dose Glasschliff-Scheiben in Blau, 6 x 3 mm
- 6 Quetschperlen in Silber
- Karabiner-Verschluss in Silber, 1,8 cm

Grüne Kette (45 cm) & Grüner Ring

- Karabiner-Verschluss in Gold, 1,8 cm
- je 1 Swarovski-Strass-Stein in Emerald, 4 mm Ø
- je 8 Swarovski-Perlen in Emerald, 4 mm Ø (Farbe A)
- je 8 Swarovski-Perlen in Saphire, 4 mm Ø (Farbe B)
- Goldperlen, 4 mm Ø, 3 mm Ø
- 1 Dose Glasperlen in Gelb, 4 mm Ø
- 1 Dose Glasschliff-Scheiben in Grün, 6 x 3 mm
- 6 Quetschperlen in Gold

Vorlagenheft
Seiten 11 – 13

Runde Medaillons

Blaue Kette

1 Für den **Anhänger** fünf Rocailles in die Mitte eines 1,5 m langen Drahtes schieben. Die Drähte in einer Rocaille zu einem Kreis kreuzen (Schritt 1) und einen Draht durch die zweite Rocaille ziehen. Damit eine 6-mm-Perle, eine Rocaille, eine 4-mm-Perle, eine Rocaille und eine 6-mm-Perle auffädeln, durch zwei Rocailles der inneren Runde gehen und das Auffädeln wiederholen (Schritt 2). Zum Schluss beide Fäden zur äußeren Reihe führen und durch die 4-mm-Perle kreuzen.

2 Für den **Kettenstrang** pro Seite zwei Silberperlen und eine Scheibenperle im Wechsel aufziehen, bis die Kette die richtige Länge erreicht hat. Dann je drei Quetschperlen hinzufügen und den Verschluss einhängen. Die Fäden durch den Strang zurückführen.

Für den **Ring in Blau** den Anhänger anfertigen wie bei der Kette in Punkt 1 beschrieben, dabei zuletzt durch alle drei äußeren Perlen des ersten Kreises kreuzen (s. Vorlage). Den Ringsteg mit je zwei Rocailles pro Seite anschließen und die Fäden immer durch zwei weitere Rocailles kreuzen.

Die Anleitung für die **Kette in Grün** und den **Ring in Grün** befindet sich im Vorlagenheft auf Seite 12.

Filigran & zart

Material

Alle

- Schmuckdraht oder Perlonfaden, 0,25 mm ∅

Kette (50 cm)

- 1 Dose Stiftperlen in Schwarz, 6 x 2 mm
- 1 Dose Rocailles in Schwarz, 2 mm ∅
- 6 Swarovski-Perlen in Kristall, 8 mm ∅
- 6 Swarovski-Perlen in Jonquil, 6 mm ∅
- Karabiner-Verschluss in Gold, 1 cm
- 6 Quetschperlen in Gold

Ohrringe

- Stiftperlen in Schwarz, 6 x 2 mm
- Rocailles in Schwarz, 2 mm ∅
- 6 Swarovski-Perlen in Jonquil, 4 mm ∅
- 4 Swarovski-Perlen in Kristall, 6 mm ∅
- 2 Ohrhaken in Gold
- 2 Nietstifte in Gold

Ring

- 2 Swarovski-Perlen in Jonquil, 6 mm ∅
- Swarovski-Perle in Kristall, 6 mm ∅
- Stiftperlen in Schwarz, 6 x 2 mm
- Rocailles in Schwarz, 2 mm ∅

Vorlagenheft
Seite 14

Kette

1 Zuerst die zwei **plastischen Anhänger** erstellen: Eine 6-mm-Perle mittig auffädeln, je eine Stiftperle aufziehen und in einer 6-mm-Perle kreuzen. Diesen Schritt wiederholen. Erneut je eine Stiftperle auffädeln und die Fäden in der ersten Swarovski-Perle kreuzen. Die Fäden so weit vernähen wie möglich. Evtl. mit etwas Schmuckkleber fixieren.

2 Für den **Anhänger** jeweils eine Rocaille in die Mitte von zwei 70 cm langen Drähten schieben. Auf jeweils beide Drahtenden folgen eine 8-mm-Perle, eine Stiftperle, das zuvor angefertigte Muster und wieder eine 8-mm-Perle. Auf einen Strang zwölf, auf den anderen 33 Rocailles auffädeln. Beide Stränge durch eine 8-mm-Perle, eine Rocaille und eine 8-mm-Perle schieben und dann für die **Kettenstränge** je eine Stiftperle und eine Rocaille im Wechsel aufziehen. Mit drei Quetschperlen und dem Verschluss enden.

Für die **Ohrringe** zuerst zwei plastische Anhänger mit 4-mm-Perlen erstellen (s. o.). Die Nietstifte mit einer Rocaille, einer 6-mm-Perle, drei Rocailles, dem plastischen Anhänger, einer 6-mm-Perle sowie zwei Rocailles bestücken. Das obere Ende zu einer Öse biegen und am Ohrhaken einhängen.

Für den **Ring** eine gelbe Perle mittig aufschieben, je eine Stiftperle auffädeln und die Fäden in einer kristallfarbenen Perle kreuzen. Erneut je eine Stiftperle auffädeln und die Fäden in einer gelben Perle kreuzen. Dann pro Seite zwei Rocailles auffädeln, die Fäden in einer Rocaille kreuzen, zwei Rocaille auffädeln und die Fäden in der kristallfarbenen Perle kreuzen. Diesen Vorgang wiederholen. Den Ringsteg mit je drei Rocailles arbeiten und immer durch zwei Rocailles kreuzen.

Vorlagenheft

Reihe Creativ Compact
„Wunderschöner Perlenschmuck"
von Monika & Nicole Helbig

ISBN 3-419-56677-8

Reinzeichnungen und Montage:
art und weise, Freiburg

Legende

× Beginn der Arbeit

Hinweis

Dieses Vorlagenheft kann aus dem Buch herausgenommen werden.
Dazu die obere und die untere Klammer in der Mitte des Buches öffnen.
Die mittlere Klammer nicht öffnen, sie hält das Vorlagenheft zusammen.
Das Vorlagenheft herausnehmen und die Klammern wieder schließen.

Kette

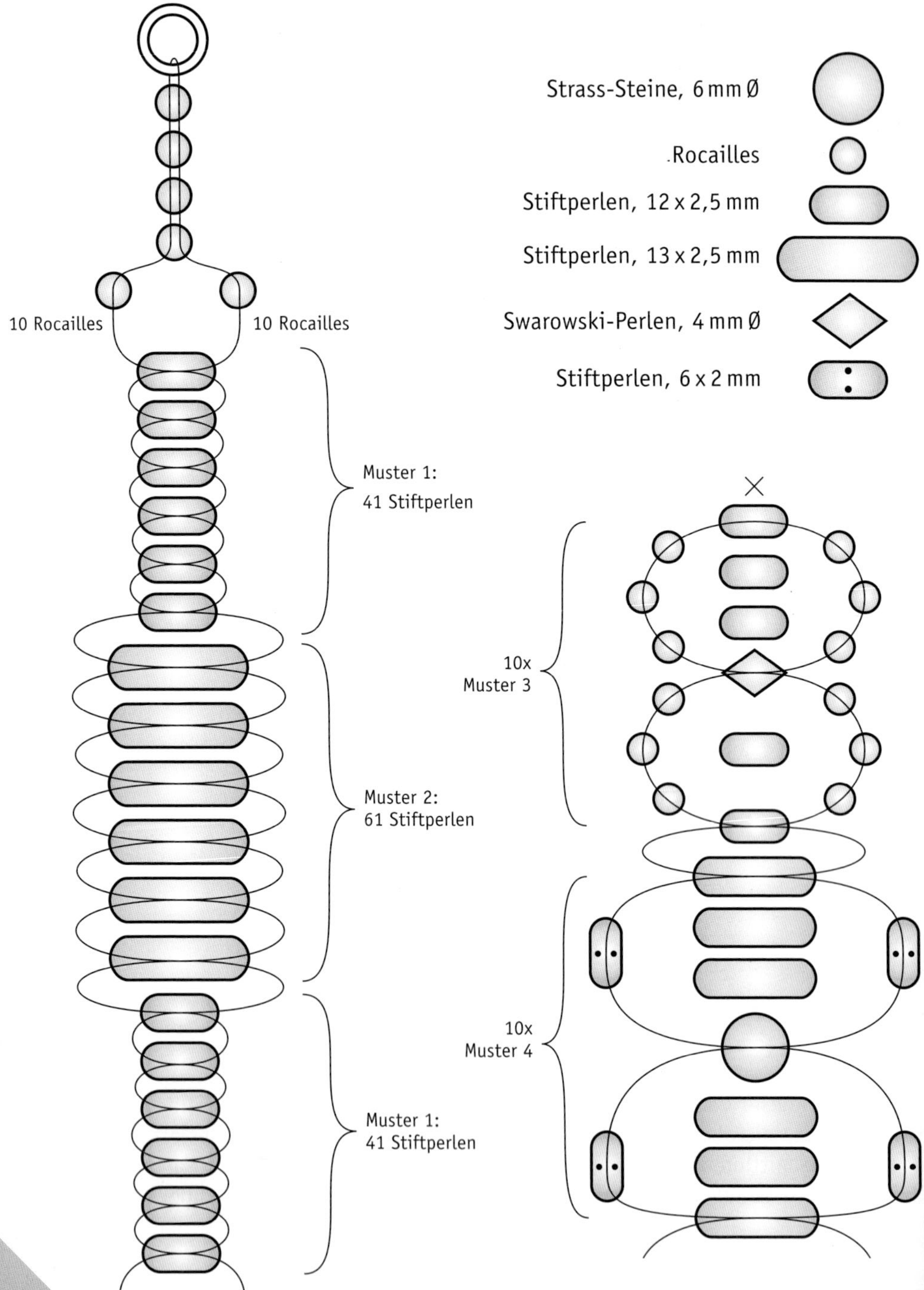
Strass-Steine, 6 mm Ø
Rocailles
Stiftperlen, 12 x 2,5 mm
Stiftperlen, 13 x 2,5 mm
Swarowski-Perlen, 4 mm Ø
Stiftperlen, 6 x 2 mm
10 Rocailles
10 Rocailles
Muster 1:
41 Stiftperlen
Muster 2:
61 Stiftperlen
Muster 1:
41 Stiftperlen
10x
Muster 3
10x
Muster 4

Ring

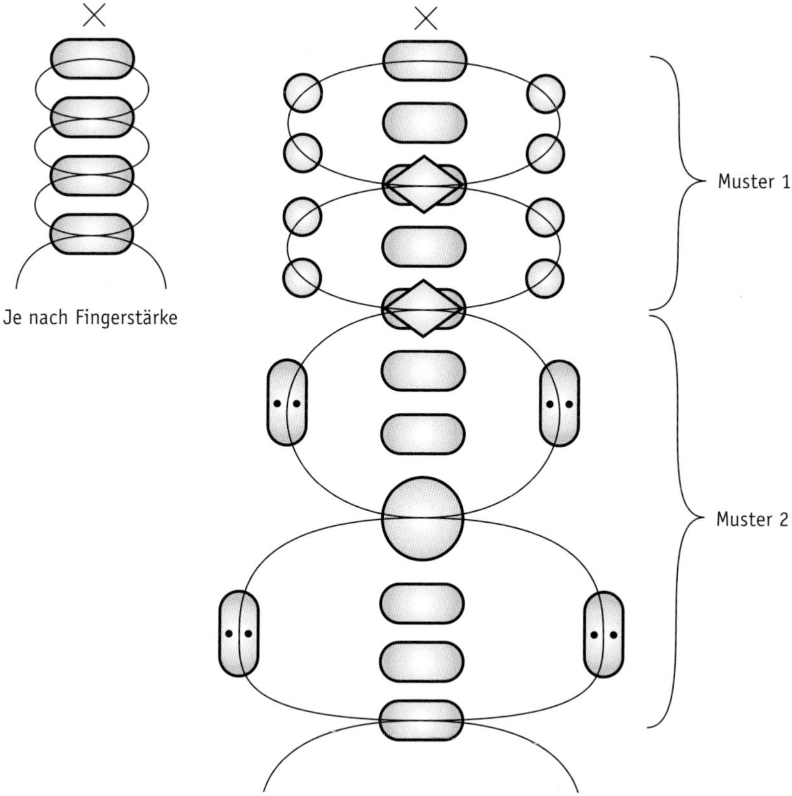

Ohrringe

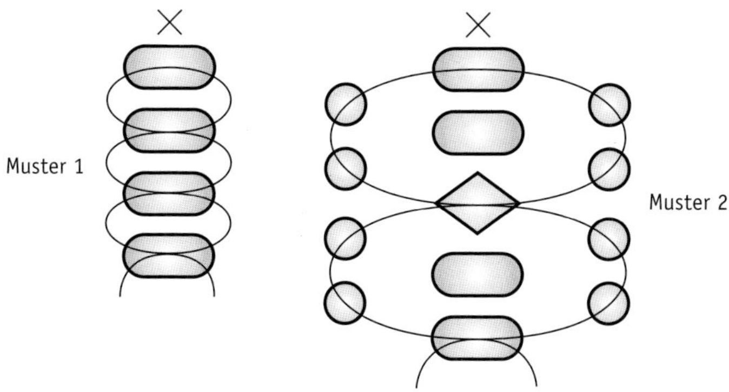

Kette mit Kreisanhänger

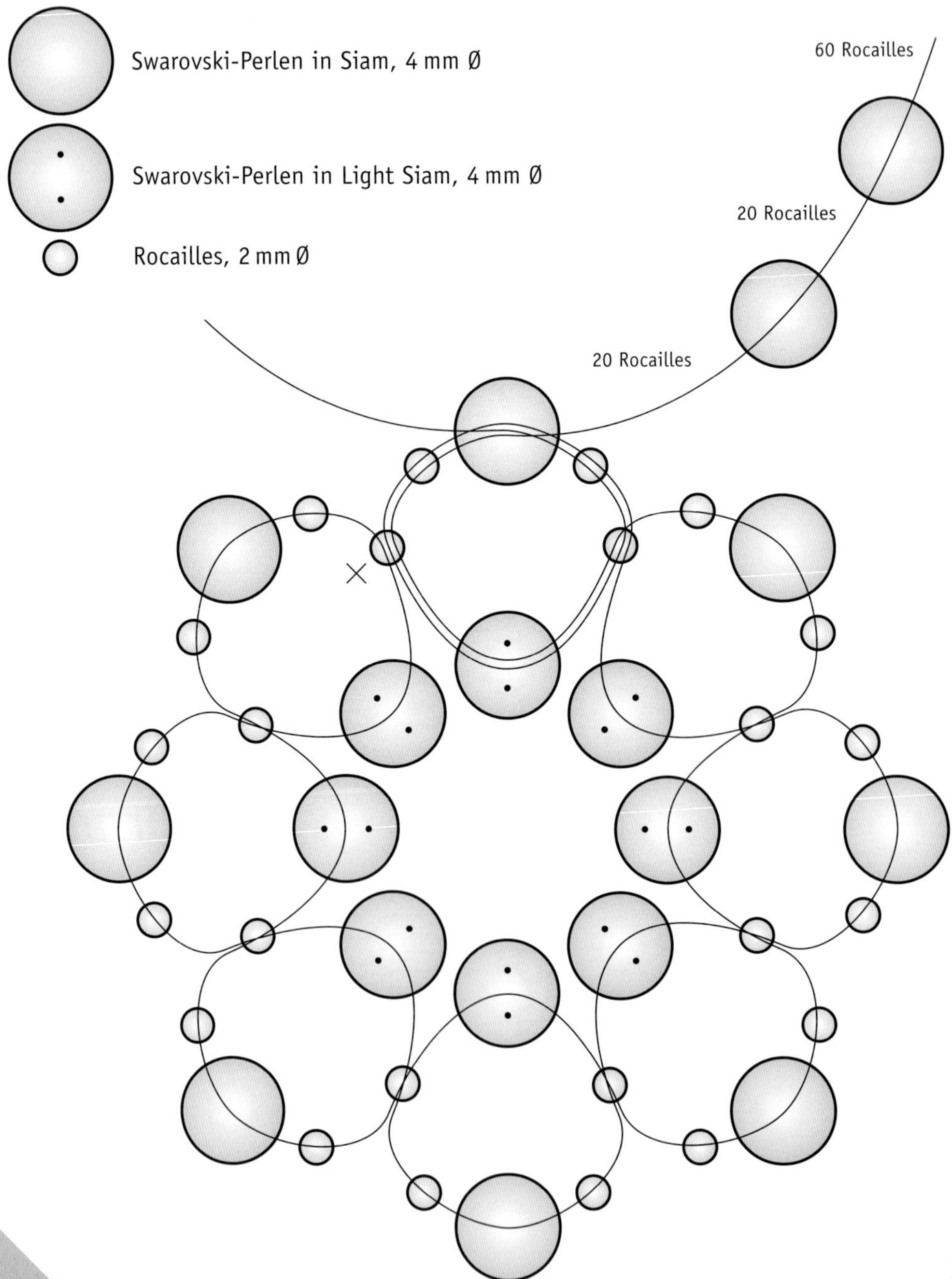

Kette mit Muster

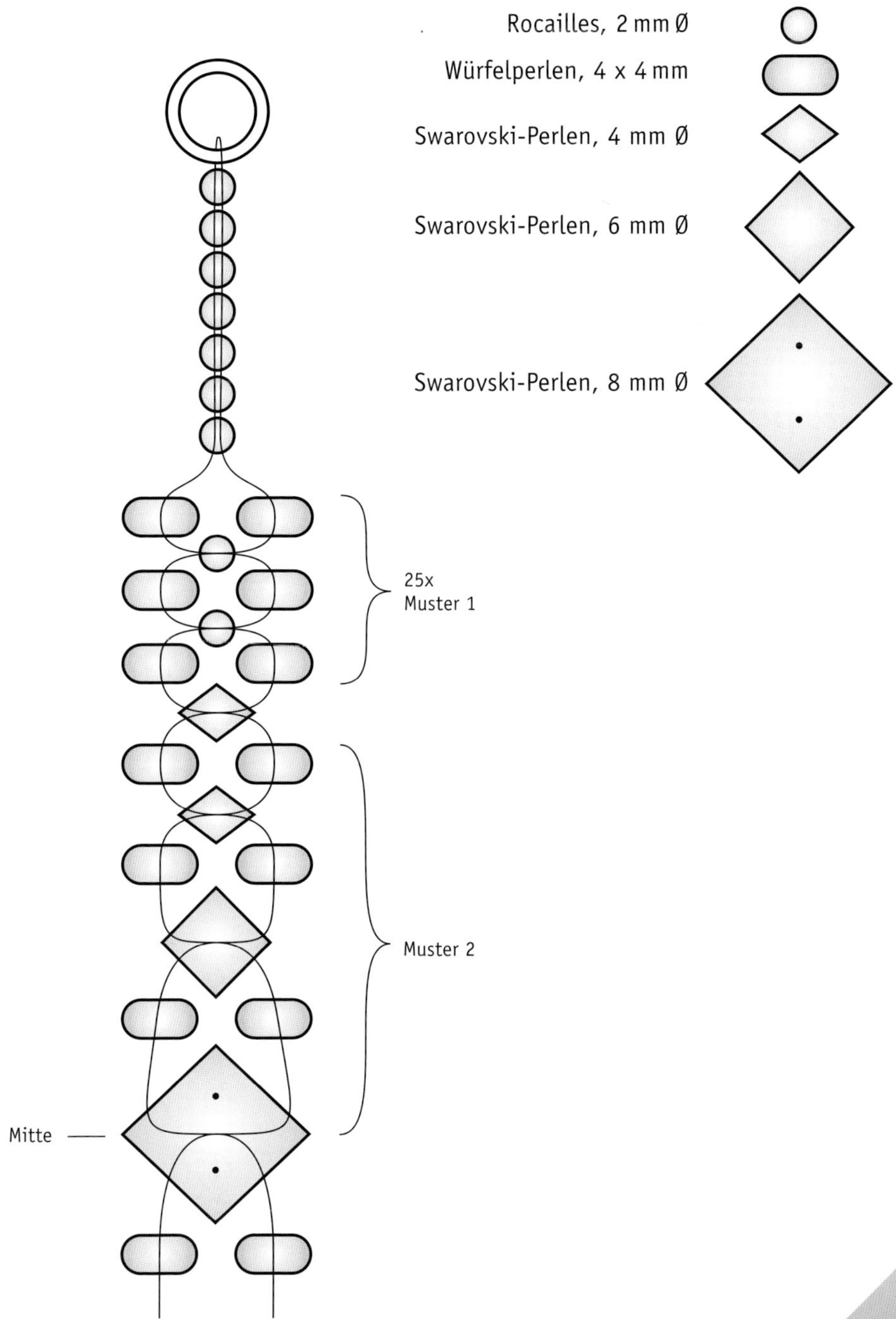

Große Ringe

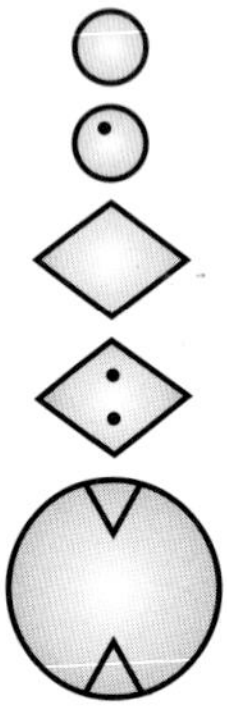

Gold- oder Silberperlen, 4 mm Ø

Rocailles, 2 mm Ø

Swarowski-Perlen, 6 mm Ø, Farbe B

Swarowski-Perlen, 6 mm Ø, Farbe A

Strass-Steine, 6 mm Ø

Schritt 1

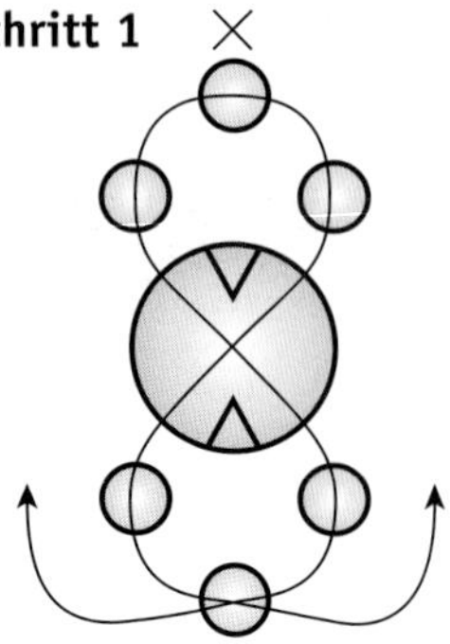

Schritt 2

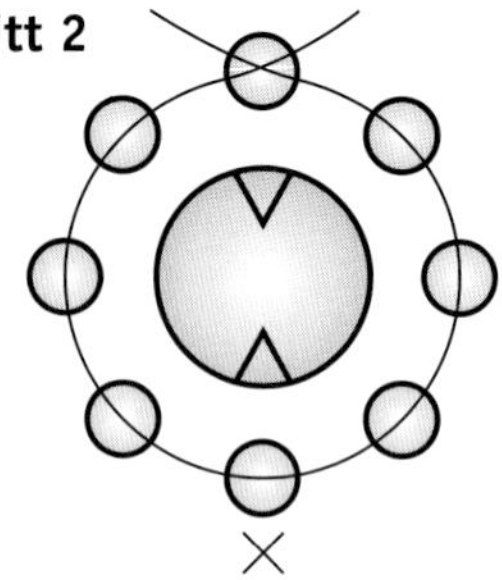

Schritt 3

Schritt 4

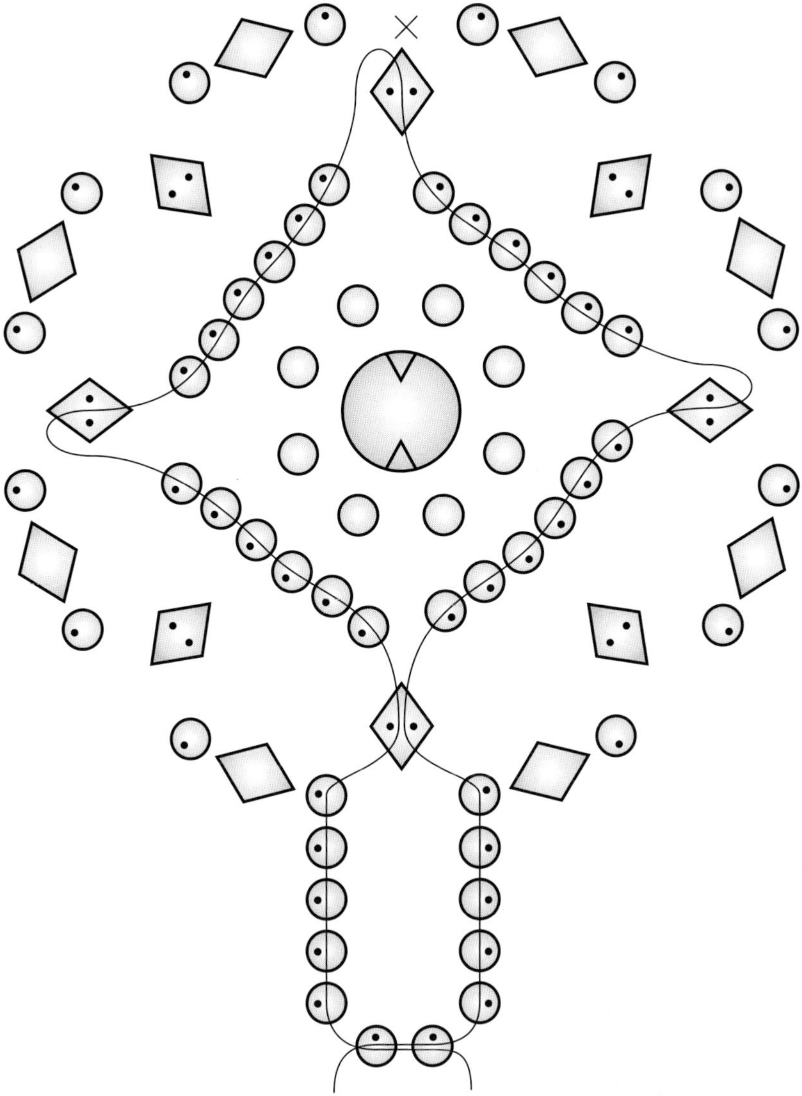

Ringsteg je nach Länge

Kleine Ringe

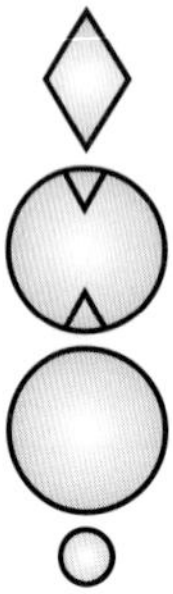

Swarovski-Perlen, 4 mm Ø

Strass-Steine, 4 mm Ø

Wachsperlen, 4 mm Ø

Wachsperlen, 3 mm Ø

Schritt 1

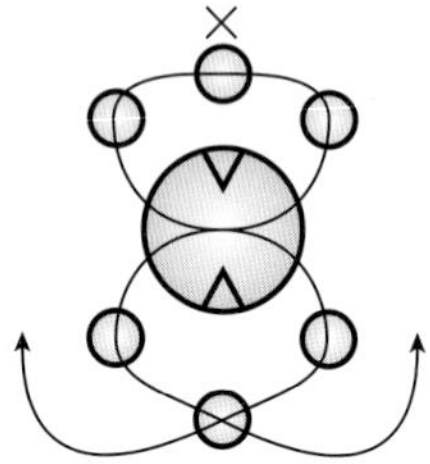

Schritt 2

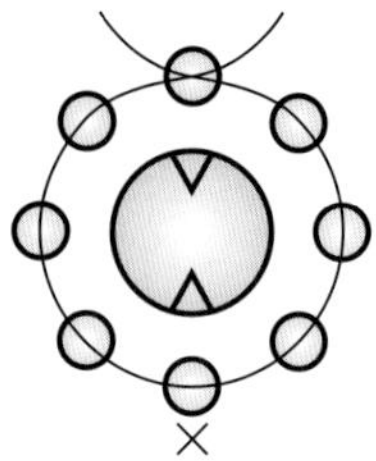

Schritt 3

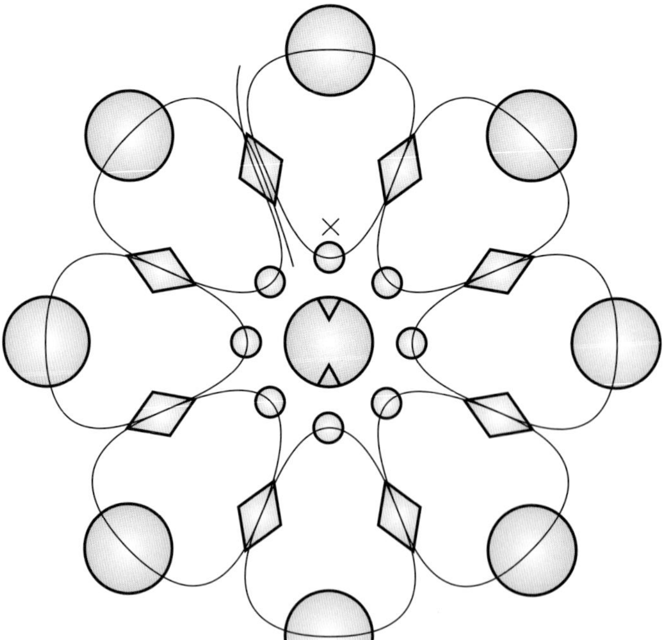

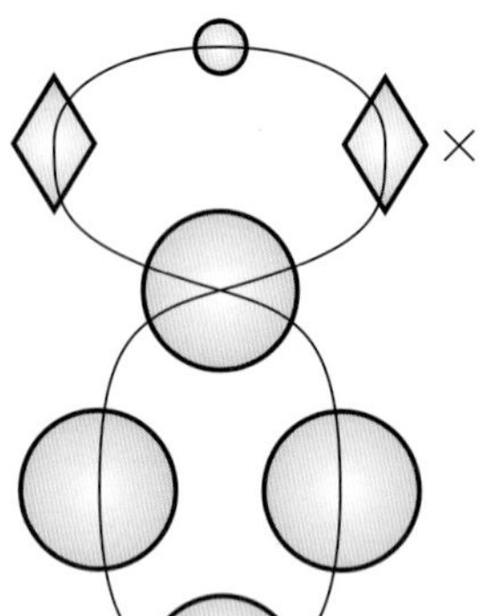

Ringsteg je nach Länge

Ring mit Herzkranz

Rocailles, 2 mm Ø

Swarovski-Perlen, 4 mm Ø

Herz, 10,3 x 10 mm

Schritt 1

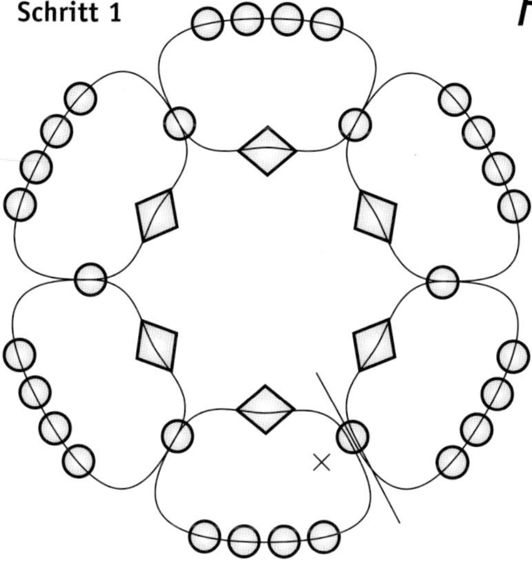

Schritt 2

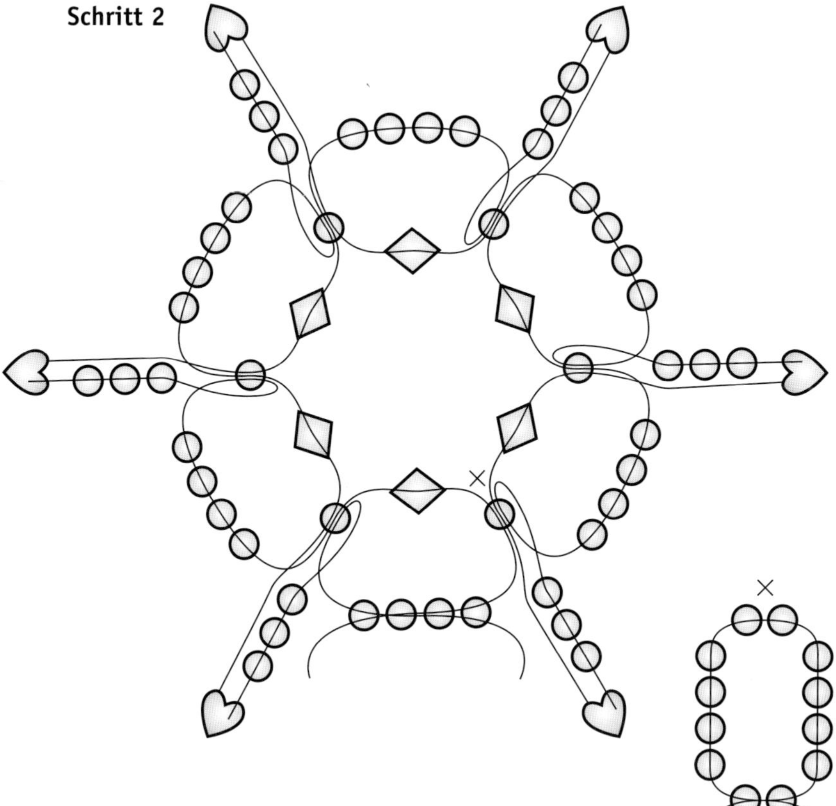

Ringsteg je nach Länge

Ring mit Tropfen

Rocailles, 2 mm Ø

Swarovski-Perlen, 6 mm Ø

Swarovski-Tropfen, 11 x 5,5 mm

Schritt 1

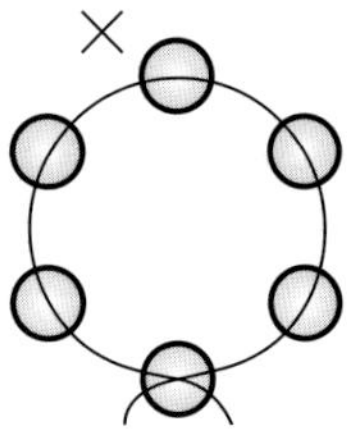

Schritt 2

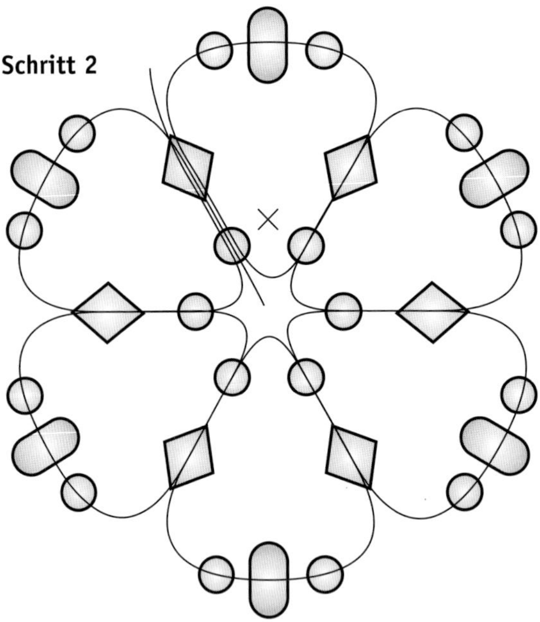

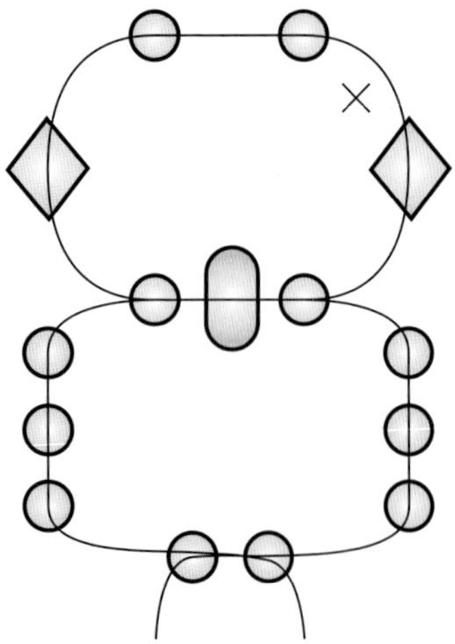

Ringsteg je nach Länge

Blaue Kette/Blauer Ring

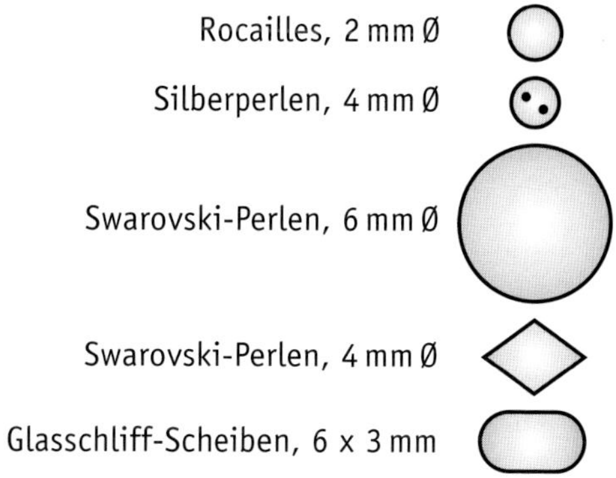

Schritt 1

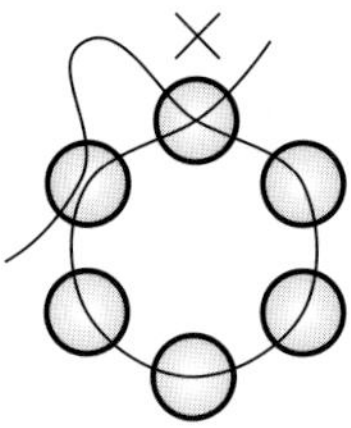

Anfang Schritt 2

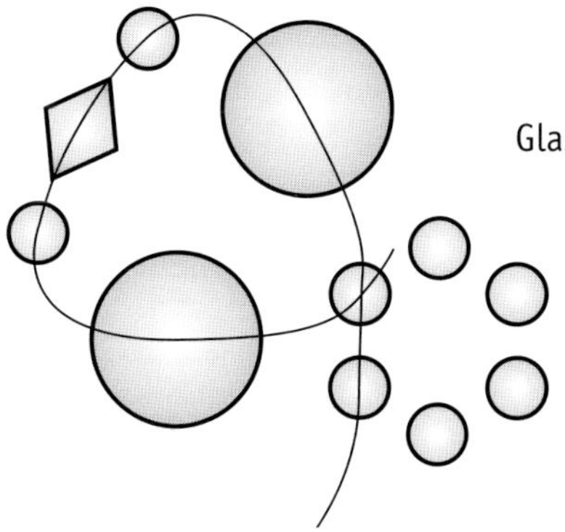

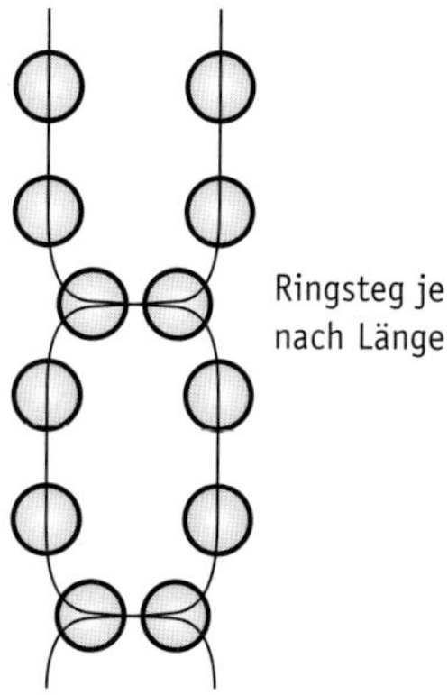

Schritt 2

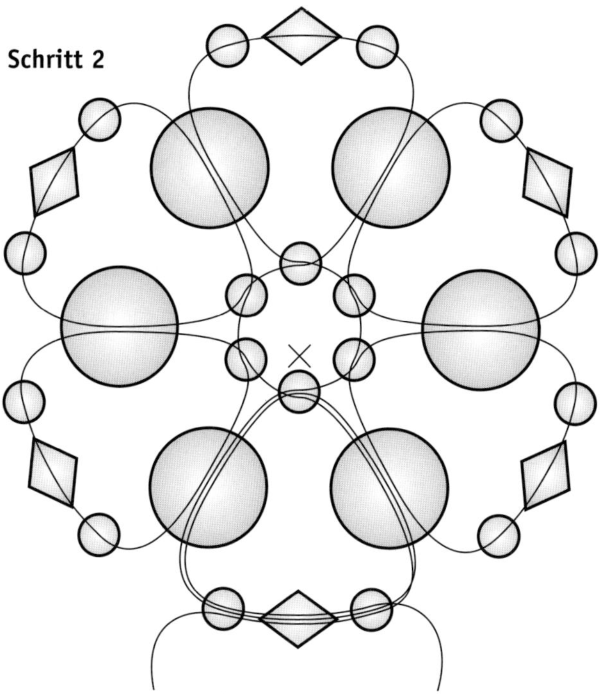

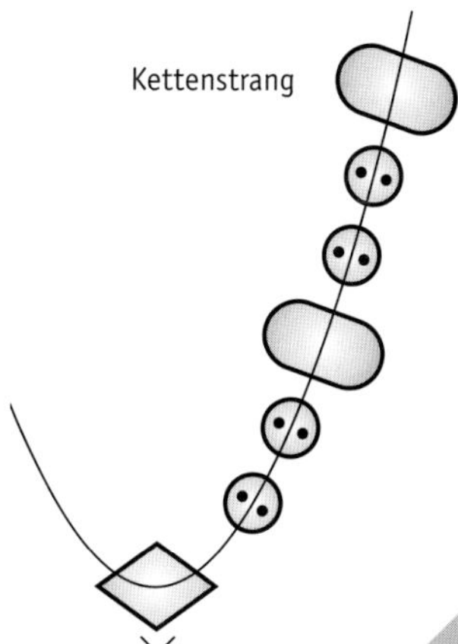

Kette in Grün/Ring in Grün

Abbildung & Materialangaben Seite 14/15

1. Für den **Anhänger** drei kleine Goldperlen in die Drahtmitte (1,5 m) schieben, durch das Aufnähkristall kreuzen, durch drei Goldperle kreuzen (Schritt 1), je eine neue Goldperle aufnehmen und durch die ersten drei Perlen zurückgehen (Schritt 2).

2. Schritt 3: Mit dem linken Draht eine helle Swarovski-, eine Gold-, eine dunkle Swarovski- und eine Goldperle aufnehmen und die Fäden in einer hellen Swarovski-Perle kreuzen. Nun immer mit dem äußeren Draht die vier Perlen auffädeln, mit dem inneren Faden eine Perle des Innenkreises aufnehmen und in einer Swarovki-Perle kreuzen. In der achten Runde durch die zuerst aufgezogene Swarovski-Perle kreuzen und die Fäden nach außen führen.

3. Mit einem Draht 4-mm-Goldperlen zwischen den äußeren Swarovski-Perlen hinzufügen. Die Drähte zuletzt in einer Swarovski-Perle kreuzen (Schritt 4).

4. Für den **Kettenstrang** pro Seite eine 4-mm-Goldperle, eine Glasperle, eine 4-mm-Goldperle, eine Scheibenperle usw. auffädeln, bis die Kette die richtige Länge erreicht hat. Auf jeder Seite mit drei Quetschperlen enden und den Verschluss einhängen.

Für den **Ring** mit 1 m Faden Schritt 1 bis 3 des Anhängers wie bei der Kette beschrieben arbeiten, aber den vierten Arbeitsschritt weglassen. Den Ringsteg mit je zwei 3-mm-Goldperlen pro Seite anschließen und die Fäden immer durch eine 3-mm-Goldperle kreuzen.

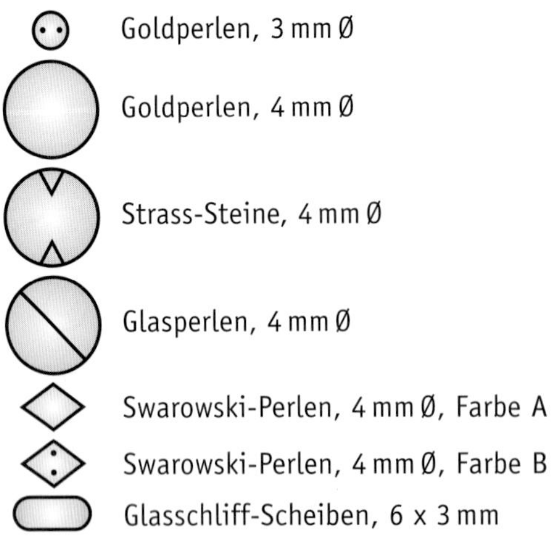

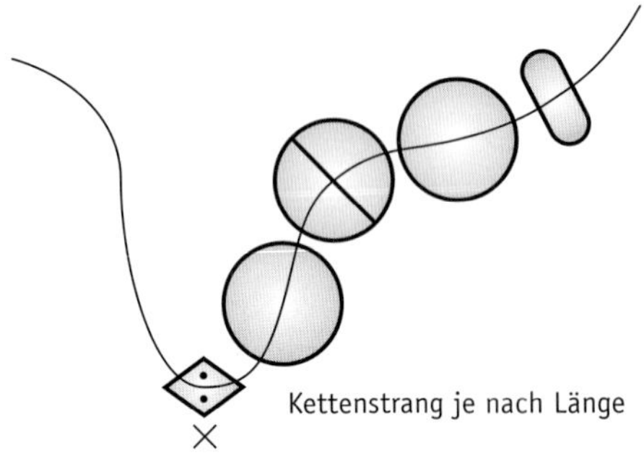

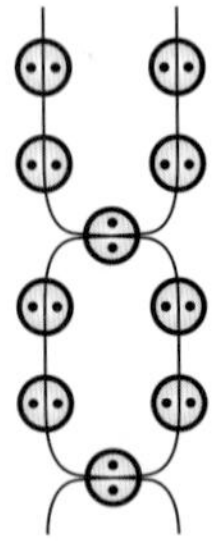

Ringsteg je nach Länge

Schritt 1

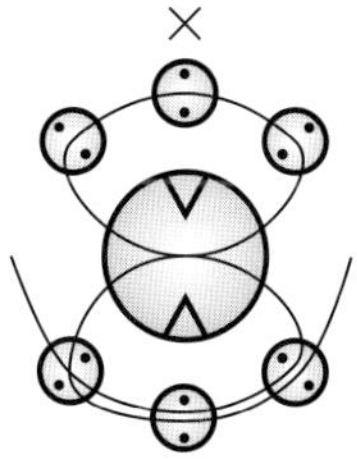

Schritt 2

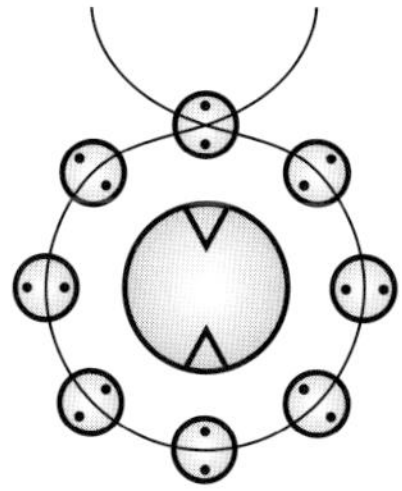

Schritt 3

Schritt 4

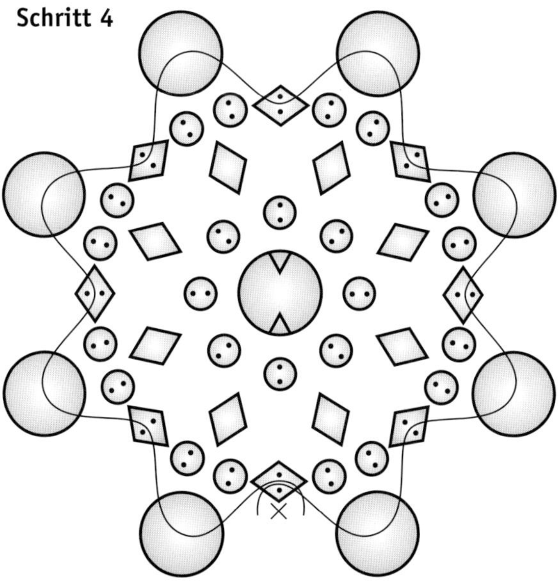

- Rocailles, 2 mm Ø
- Stiftperlen, 6 x 2 mm
- Swarovski-Perlen in Kristall, 4 mm Ø
- Swarovski-Perlen in Kristall, 6 mm Ø
- Swarovski-Perlen in Jonquil, 6 mm Ø
- Swarovski-Perlen in Kristall, 8 mm Ø

Ohrringe

Kette

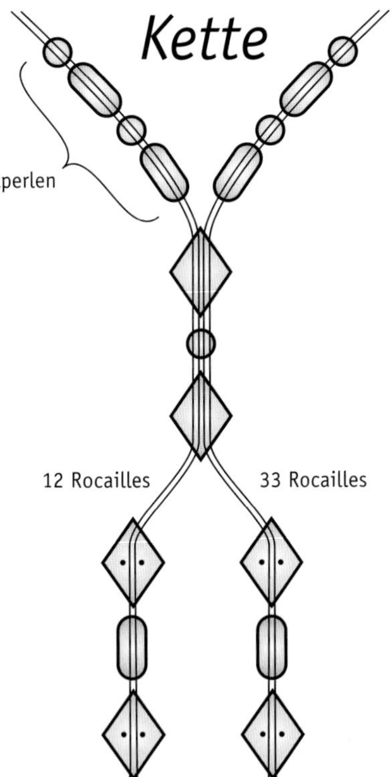

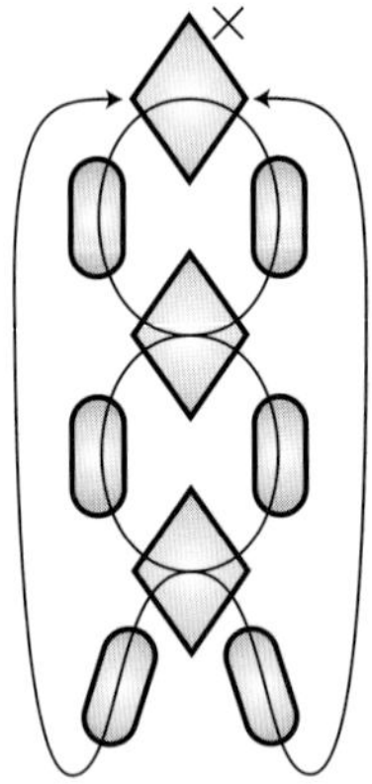

Ring

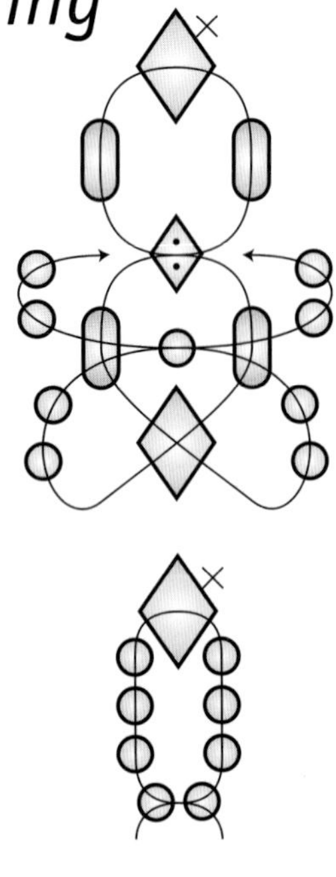

Schmetterlings-Kette

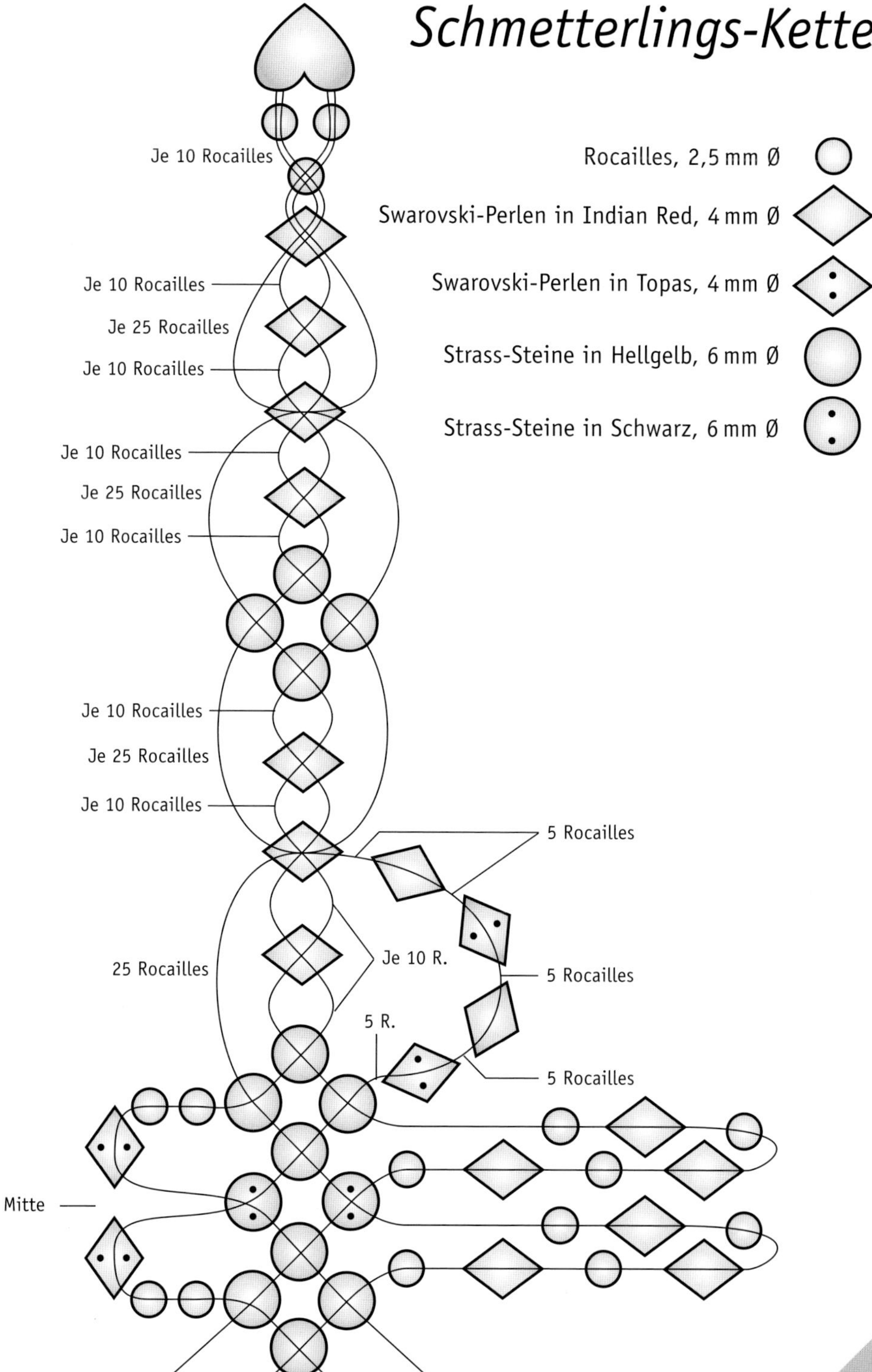

Kette mit Kristall-Linsen

Abbildung & Materialangaben siehe Seite 18/19

1. Die große und die zwei kleinen plastischen Perlen zuerst separat erstellen. Für die große plastische Perle eine Rocaille in die Fadenmitte (0,6 m) schieben, pro Seite eine Rocaille hinzufügen und beide Fäden in einer neuen Rocaille kreuzen. Diesen Schritt wiederholen. Erneut pro Seite eine Rocaille auffädeln und die Fäden in der ersten Rocaille kreuzen (Schritt 1a). Die Fäden so durch die Perlen führen, dass sie in der seitlichen Perle kreuzen (Schritt 1b) und den zweiten Schritt anschließen, dabei immer die seitlichen Perlen der Vorrunde integrieren. Wieder die Fäden so durch die Perlen führen, dass sie in den seitlichen zwei Rocailles herauskommen und Schritt 3 arbeiten, dabei wieder die seitlichen Rocailles integrieren. Schritt 4 als Mitte der Perle anschließen, dann gegengleich Schritt 3, Schritt 2 und Schritt 1 fertigen. Die Fäden gut vernähen und evtl. fixieren.

2. Die kleinen plastischen Perlen nach der separaten Vorlage zweimal arbeiten. Dabei ist die Fadenführung wie bei der großen plastischen Perle. Überstehende Fäden vernähen und mit Sekundenkleber etwas fixieren.

3. Für den Kettenstrang 1 m Faden mittig am Verschluss einhängen. Auf beide Fäden Quetschperlen und 50 Rocailles fädeln, dann eine 4-mm-Perle, eine Rocaille, eine 6-mm-Perle und eine Rocaille im Wechsel auffädeln. Nach der dritten 6-mm-Perle eine kleine selbstgemachte Perlen, eine 6-mm-Perle, eine große selbstgemachte Perle, eine 6-mm-Perle und erneut eine kleine selbstgemachte Perle aufziehen. Die Kette gegengleich beenden.

○ Rocailles, 2,5 mm Ø

◇ Swarovski-Perle, 4 mm Ø

◇ Swarovski-Perle, 6 mm Ø

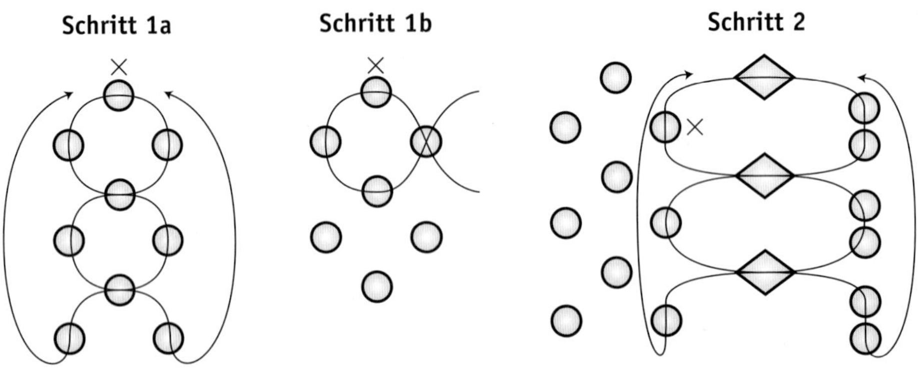

Schritt 3

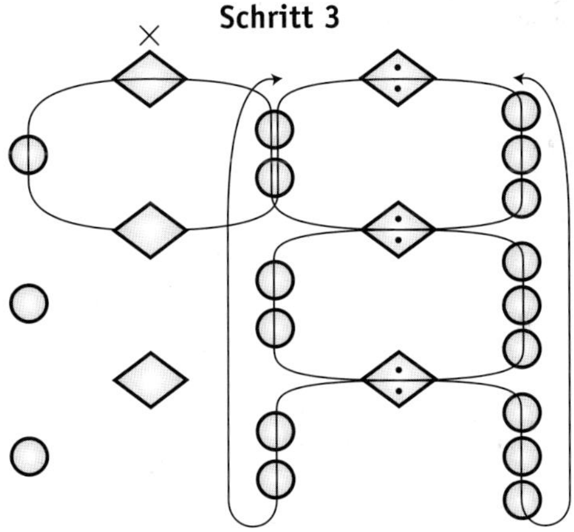

Schritt 4

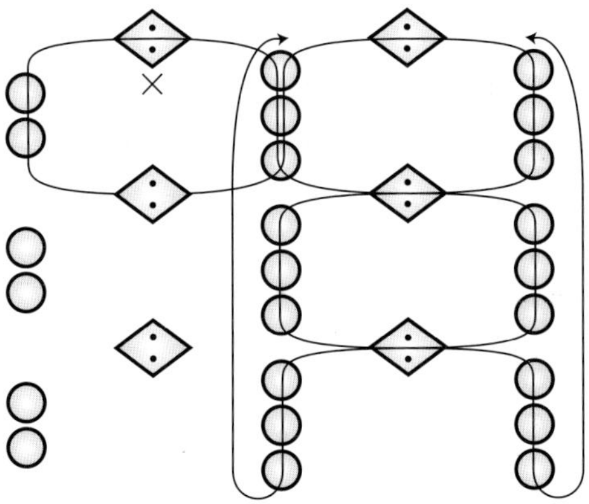

Kleine plastische Perle

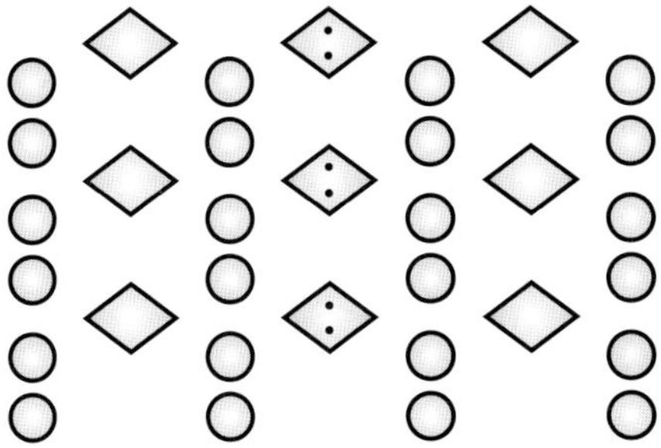

Ring

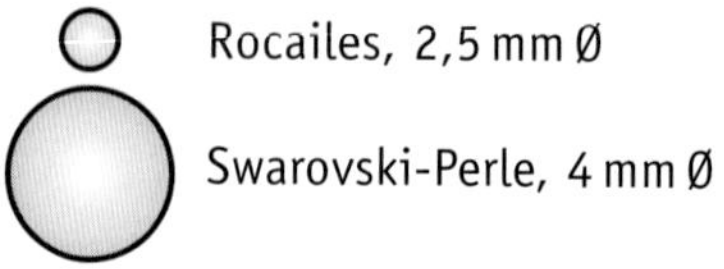

Rocailes, 2,5 mm Ø
Swarovski-Perle, 4 mm Ø

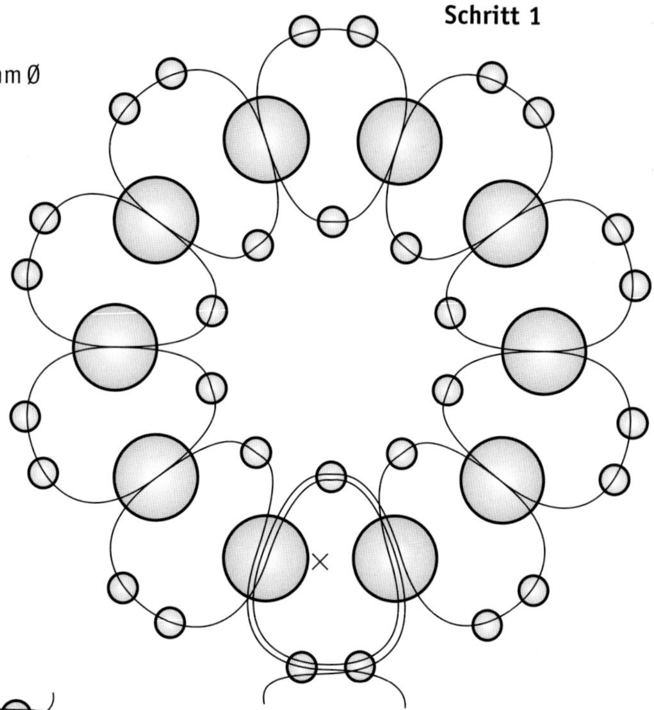

Schritt 1

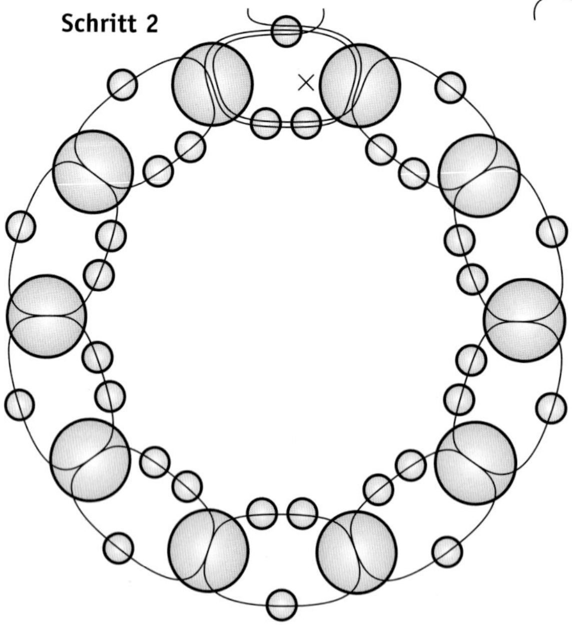

Schritt 2

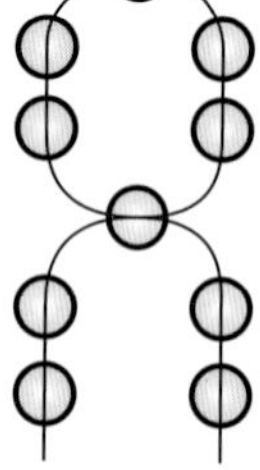

Ringsteg je nach Länge

Rocailles, 2 mm Ø

Wachsperlen, 4 mm Ø

Swarovski-Perlen, 4 mm Ø

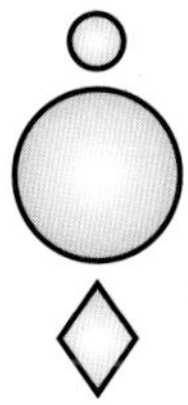

Ring

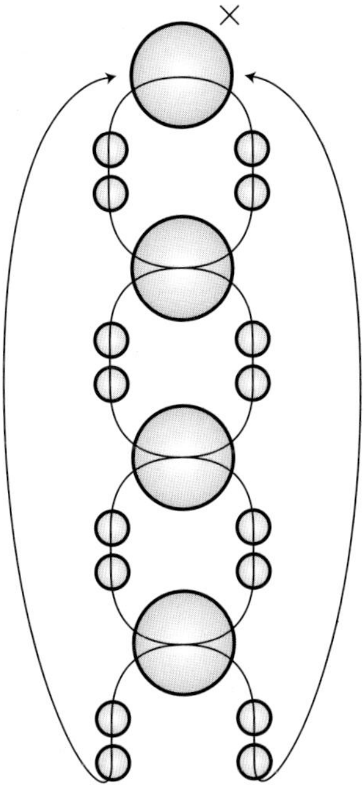

1. Reihe je nach Länge

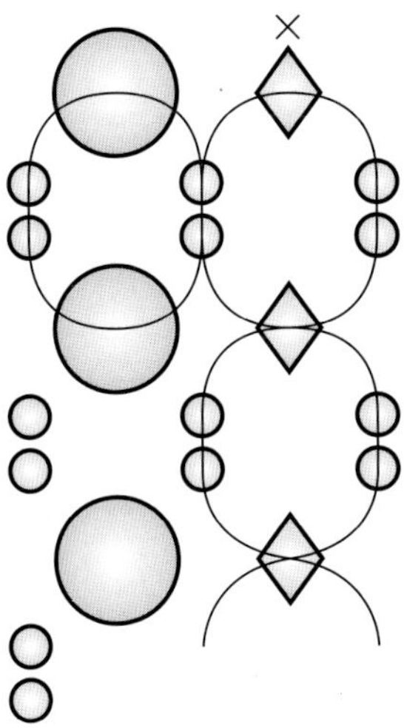

plus Reihe 1

Kette Armband

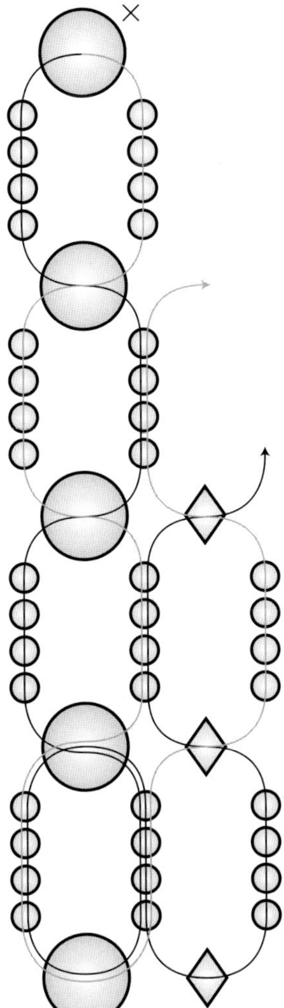

1. Reihe 2. Reihe

Blaue Kette

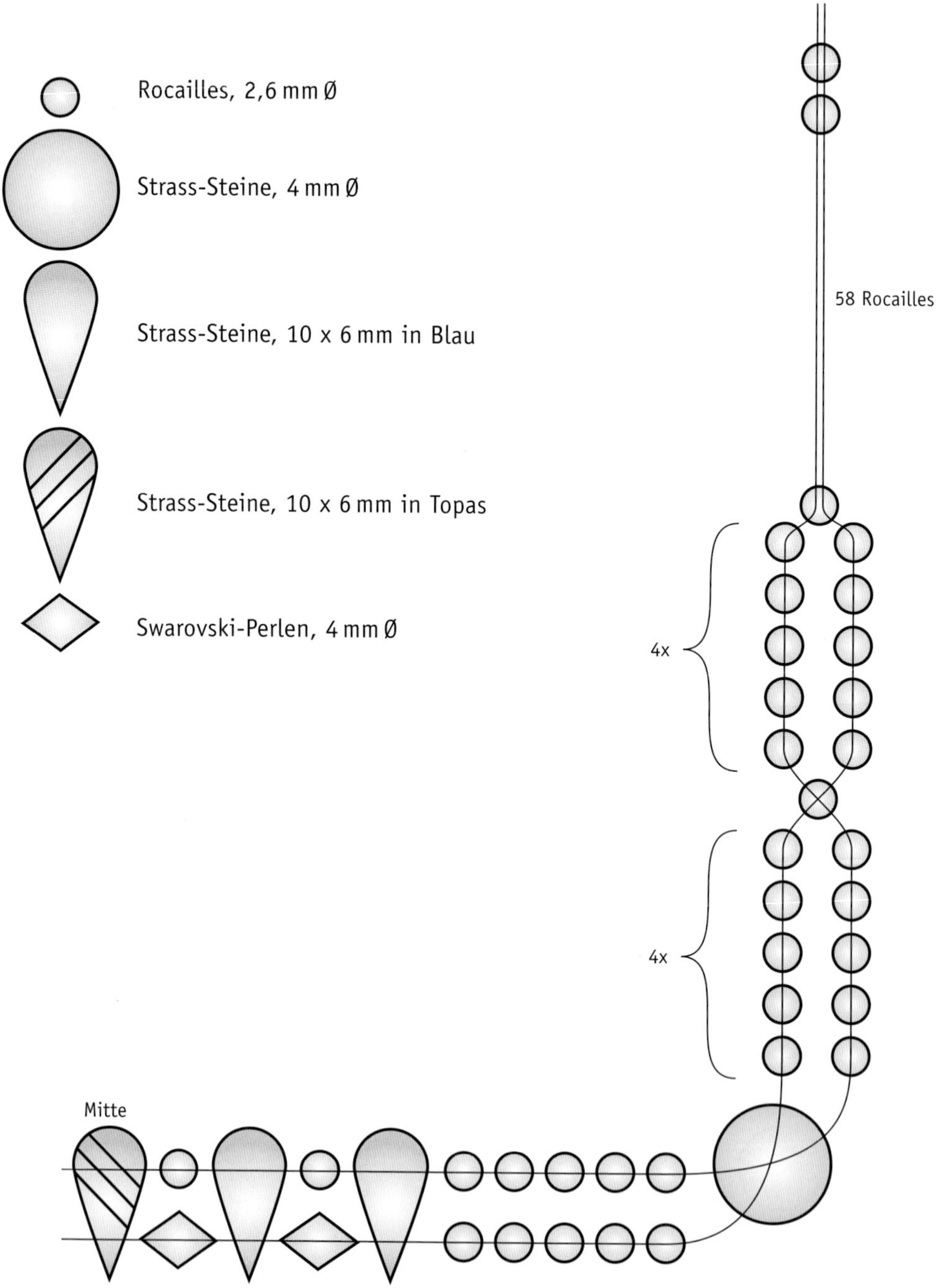
Rocailles, 2,6 mm Ø
Strass-Steine, 4 mm Ø
Strass-Steine, 10 x 6 mm in Blau
Strass-Steine, 10 x 6 mm in Topas
Swarovski-Perlen, 4 mm Ø
58 Rocailles
4x
4x
Mitte

Ringe/Kette in Topas

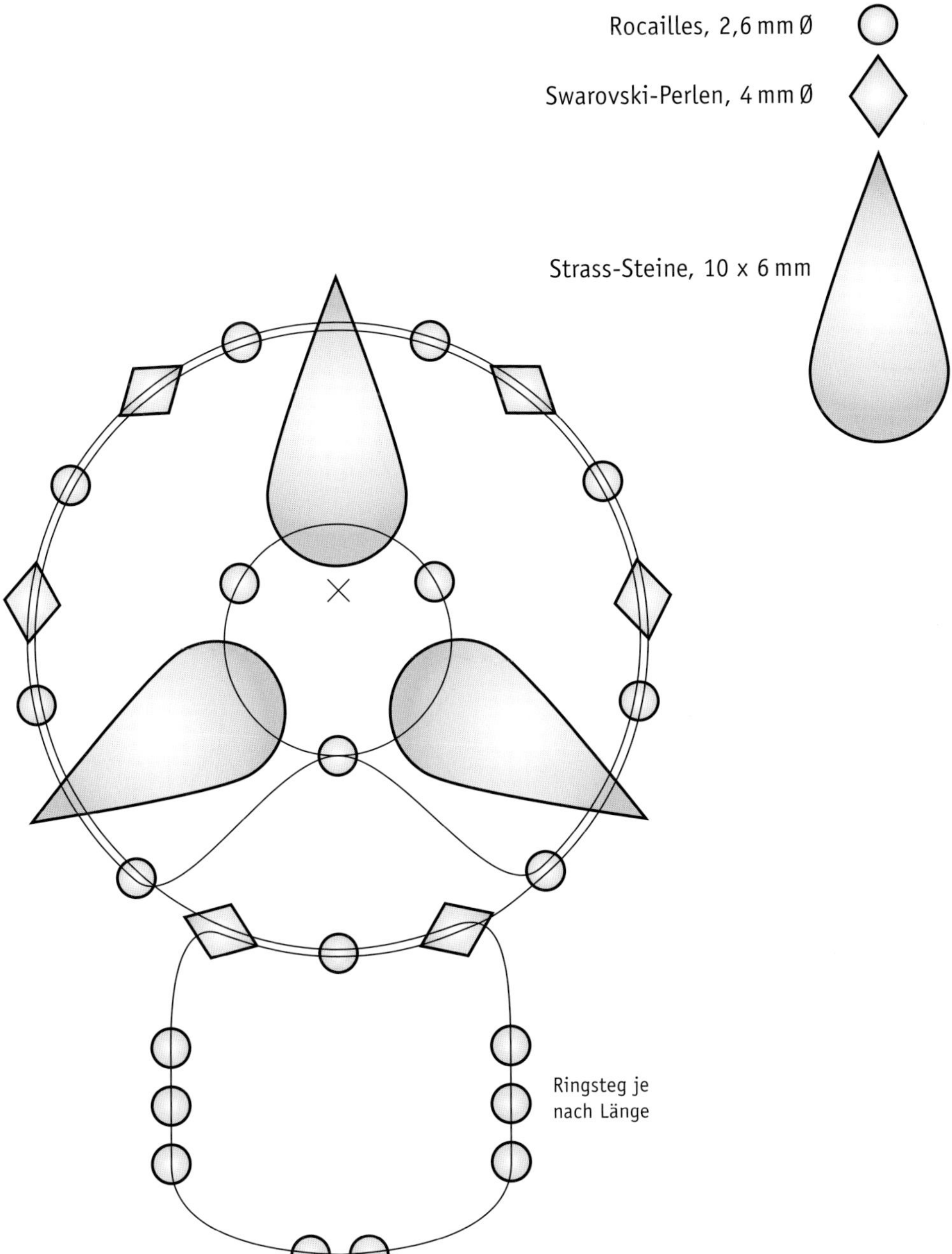

Kette

Rocailles, 2 mm Ø

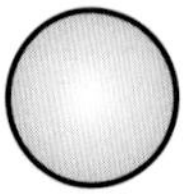

Swarovski-Perlen, 6 mm Ø, rund

Swarovski-Perlen, 6 mm Ø

Swarovski-Perlen, 4 mm Ø

Tropfenperlen, 6 mm

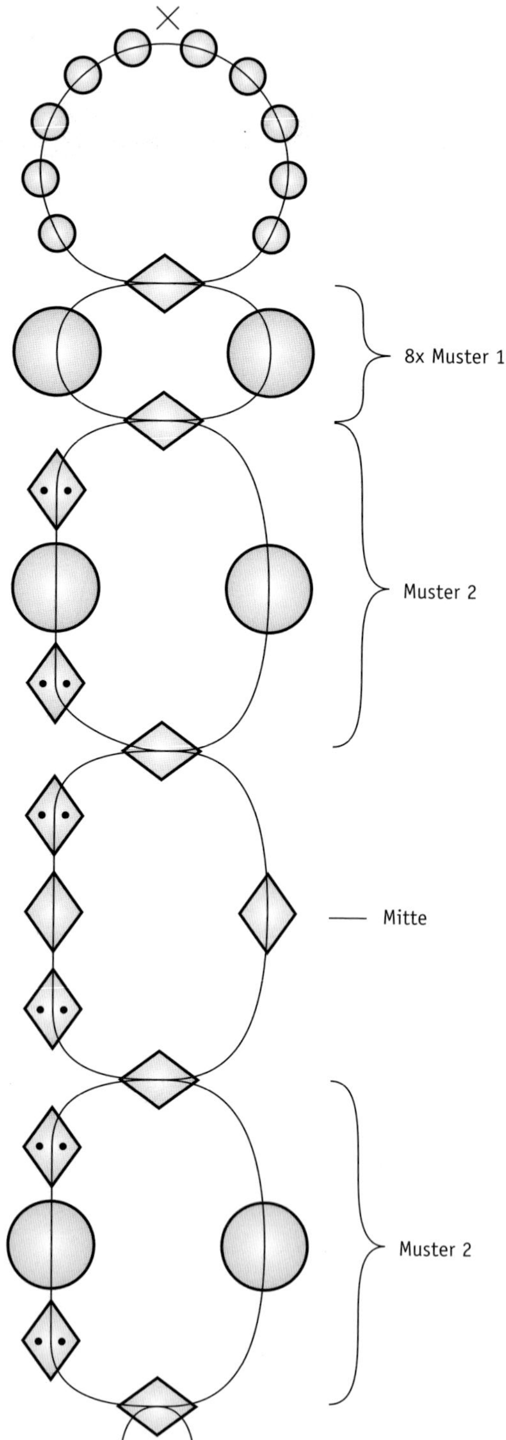

Ring

Abbildung & Materialangaben siehe Seite 24/25

1. Für die Blume eine 6-mm-Perle in die Mitte des 1 m langen Fadens setzen, pro Seite eine runde Swarovski-Perle auffädeln und die Fäden in einer 6-mm-Perle kreuzen. Auf jeder Seite zwei Tropfenperlen aufreihen, die Fäden in der ersten 6-mm-Perle kreuzen, wieder einen Tropfen pro Seite auffädeln und die Fäden durch eine neue 6-mm-Perle führen. Dann erneut je eine Tropfenperle aufnehmen und in der ersten Swarovski-Perle kreuzen.

2. Den Steg anfügen. Dazu pro Faden je drei Rocailles aufziehen und die Fäden immer durch zwei weitere Rocailles kreuzen.

Schritt 1

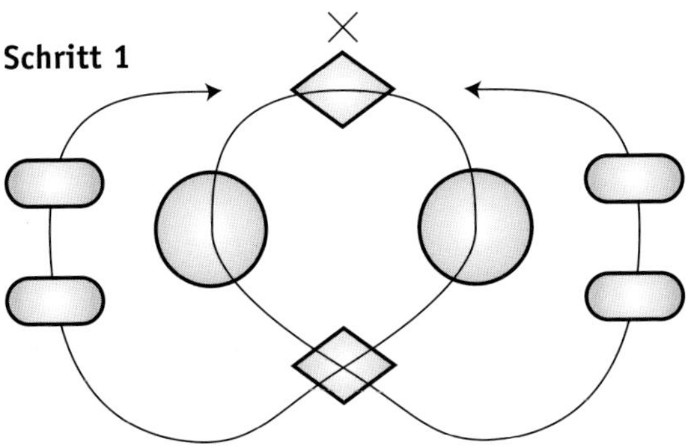

Schritt 2

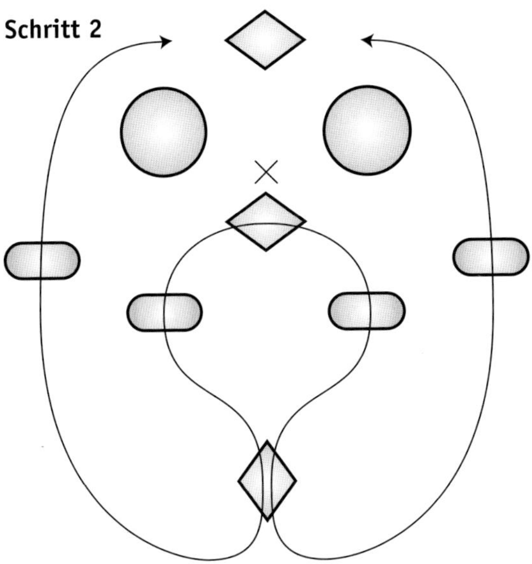

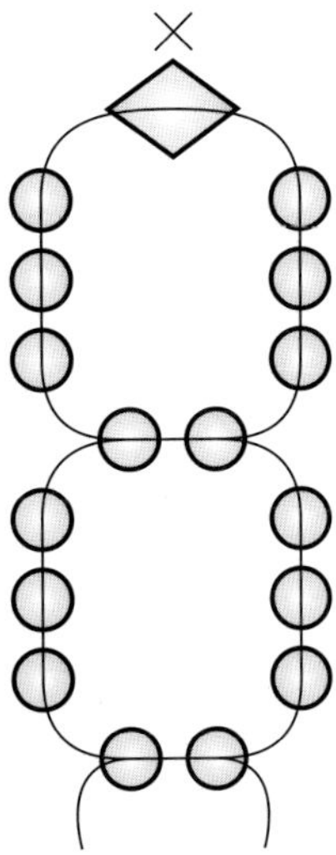

Ringsteg je nach Länge

Ohrringe

Abbildung & Materialangaben siehe Seite 24/25

Drei runde Swarovski-Perlen in die Mitte des 1 m langen Fadens fädeln. Die Fäden in einer weiteren runden Swarovski-Perle kreuzen (Muster 1). Pro Faden eine Rocaille aufziehen, die Fäden in einer 6-mm-Perle kreuzen und erneut je eine Rocaille auffädeln (Muster 2). Muster 2 über Muster 1 legen und die Fäden in der ersten Swarovski-Perle kreuzen. Pro Faden je drei Rocailles aufnehmen, die Fäden in der Tropfenperle kreuzen, vernähen (Muster 3) und das Element auf den Ohrstecker kleben.

Rocailles

Swarovski-Perlen, 4 mm Ø

Swarovski-Perlen, rund

Tropfenperlen

Muster 1

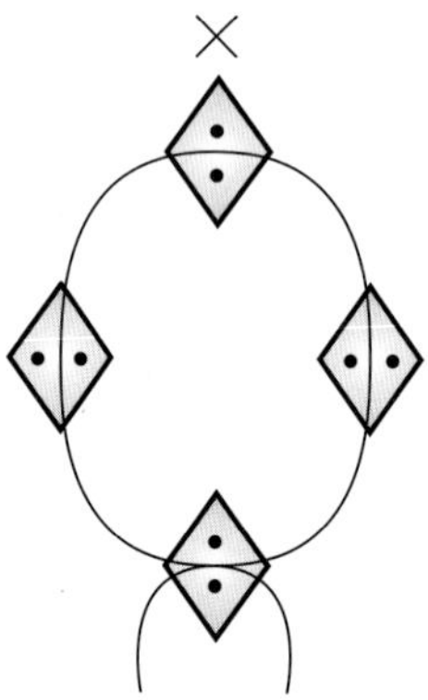

Muster 2

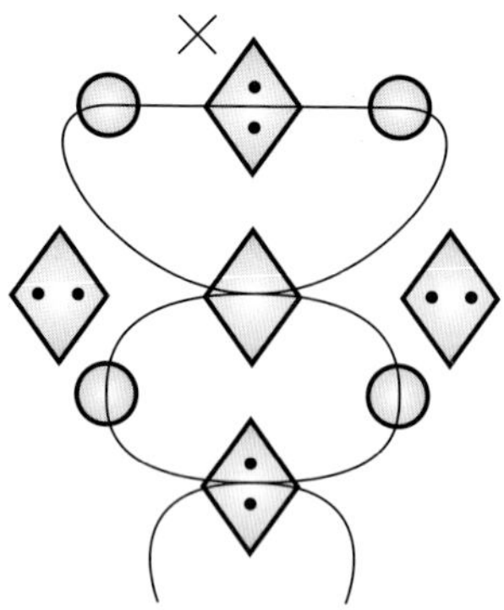

Muster 3

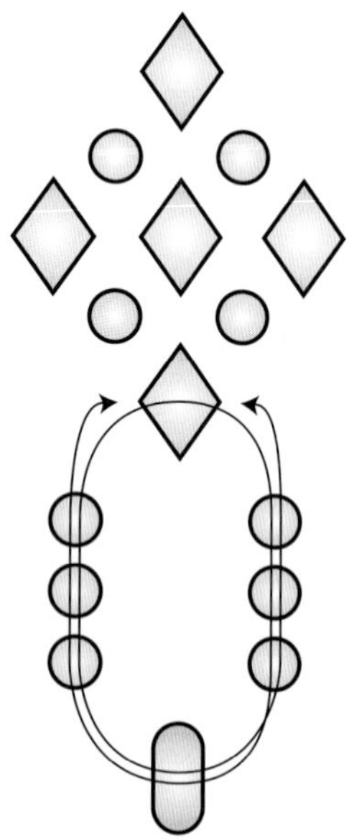

Ring in Orange-Rot
Ring in Grautönen

Rocailles

Swarovski-Perlen, 4 mm Ø

Schritt 1

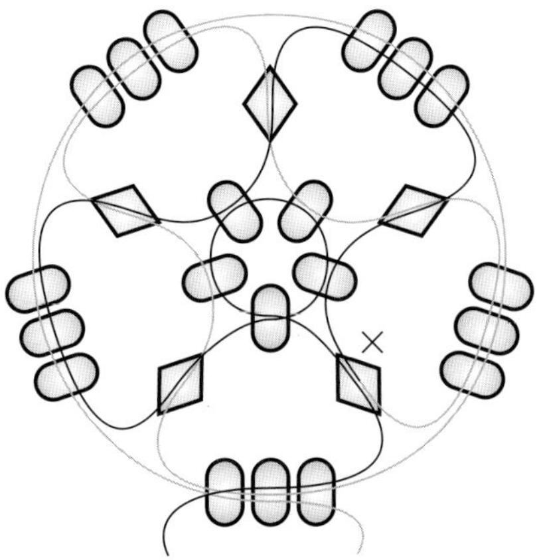

Schritt 2

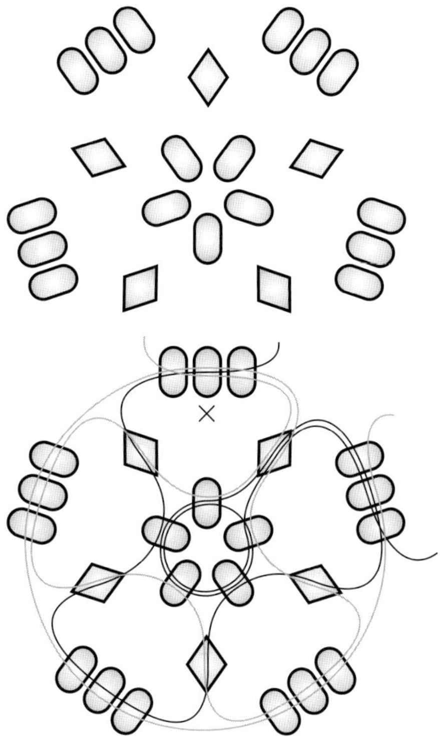

Schritt 3

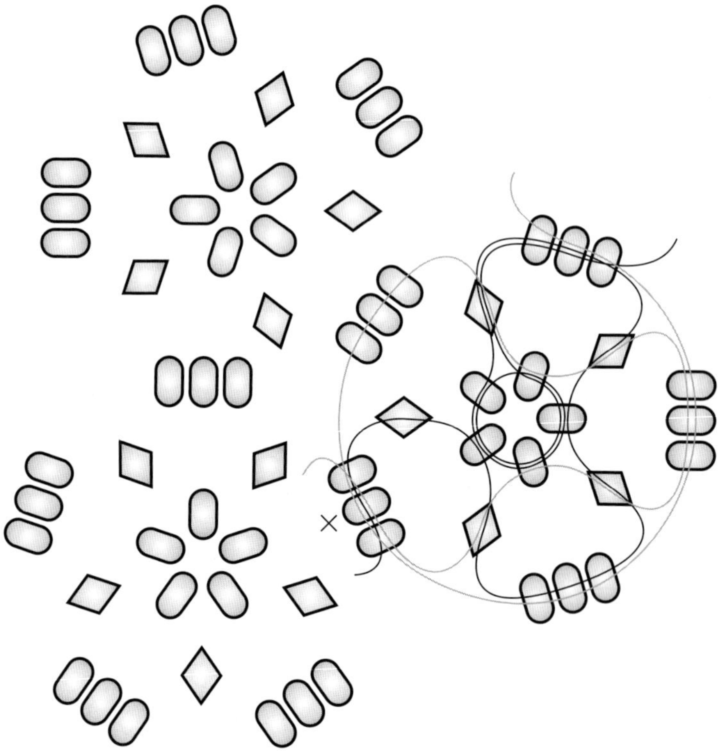

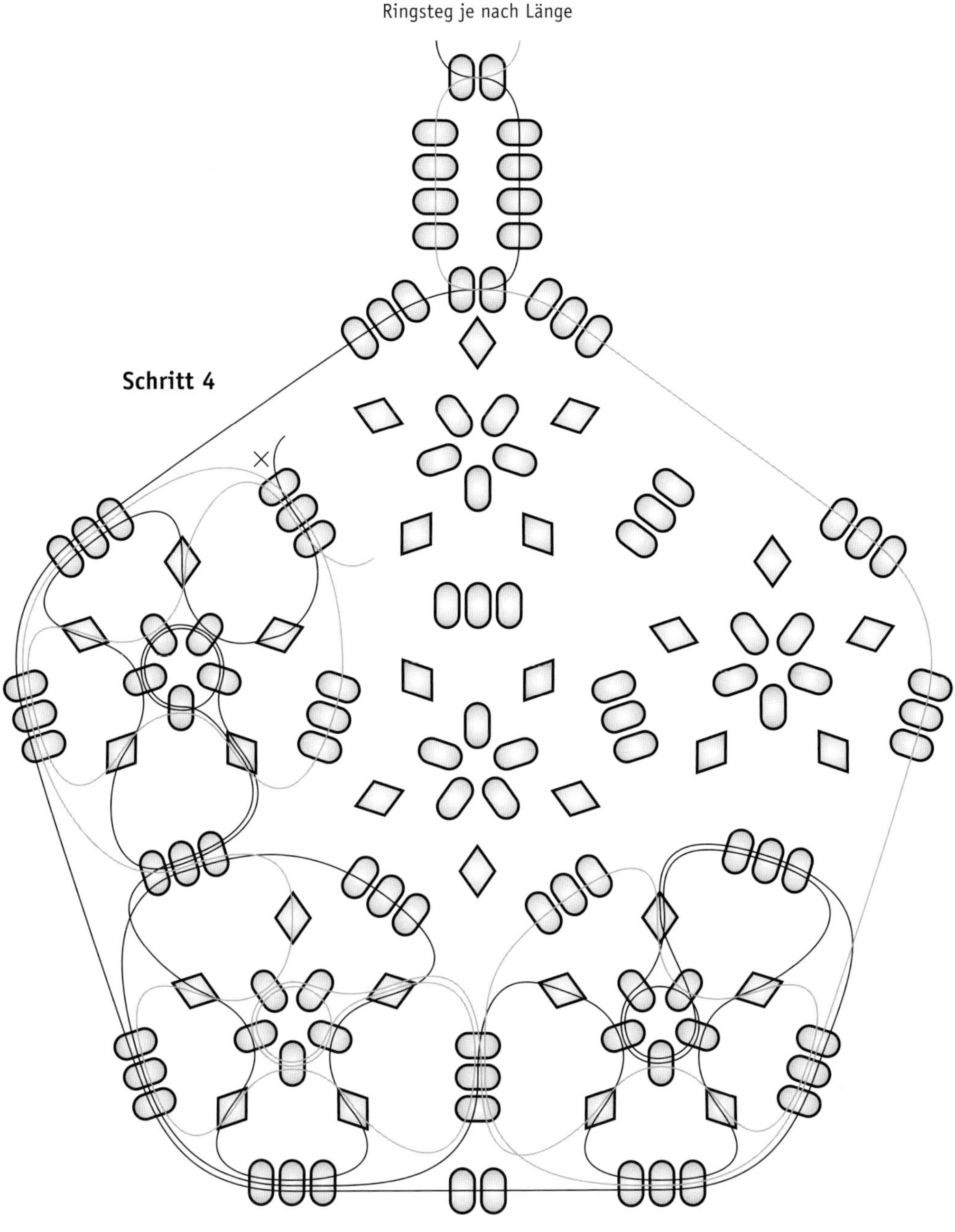
Ringsteg je nach Länge
Schritt 4

Ring in Rot-Schwarz
Ring in Grau-Grün

Abbildung &Materialangaben siehe Seite 26/27

1. Beide Ringe nach der gleichen Vorlage anfertigen: Eine Rocaille in die Mitte des 80 cm langen Fadens schieben, pro Seite je eine andersfarbige 4-mm-Perle und eine Rocaille aufziehen und in einer 4-mm-Perle der Farbe B kreuzen (Schritt 1). Auf den äußeren Faden eine Rocaille, eine 4-mm-Perle Farbe A und eine Rocaille fädeln, auf den inneren Faden eine Rocaille. Beide Fäden in einer 4-mm-Perle (Farbe B) kreuzen. Diesen Vorgang dreimal ausführen. Beim letzten Kreis außen nur eine Rocaille auffädeln, innen eine Rocaille aufnehmen, durch alle fünf inneren Rocailles und die erste 4-mm-Perle Farbe B gehen, eine Rocaille auffädeln und beide Fäden in einer 4-mm-Perle Farbe A kreuzen (Schritt 2).

2. Schritt 3 nach der Vorlage fädeln, dabei die unterschiedlichen Fäden beachten. Die äußeren Perlen von Schritt 2 werden erneut mit einbezogen. Zum Schluss in einer 4-mm-Perle Farbe A kreuzen und den Ringsteg mit je zwei Rocailles anschließen. Immer in zwei Rocailles kreuzen.

Rocailles

Swarovski-Perlen, Farbe B, 4 mm Ø

Swarovski-Perlen, Farbe A, 4 mm Ø

Schritt 1

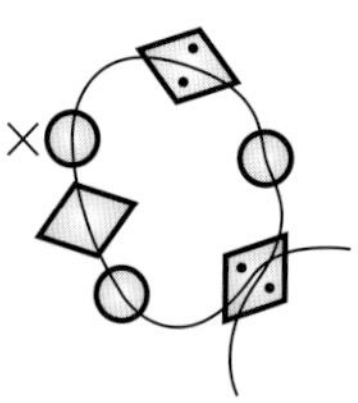

Schritt 2

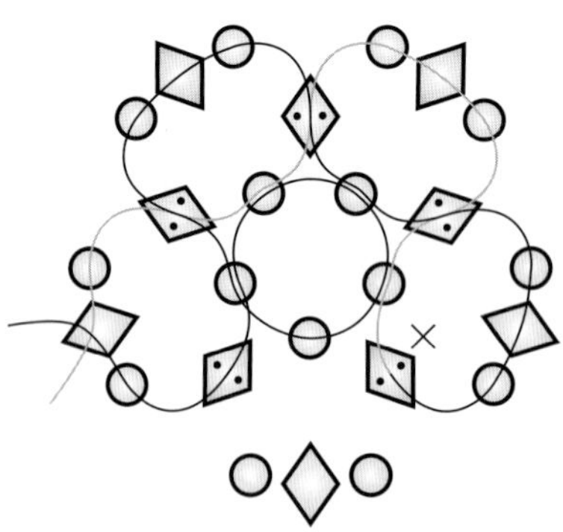

Schritt 3

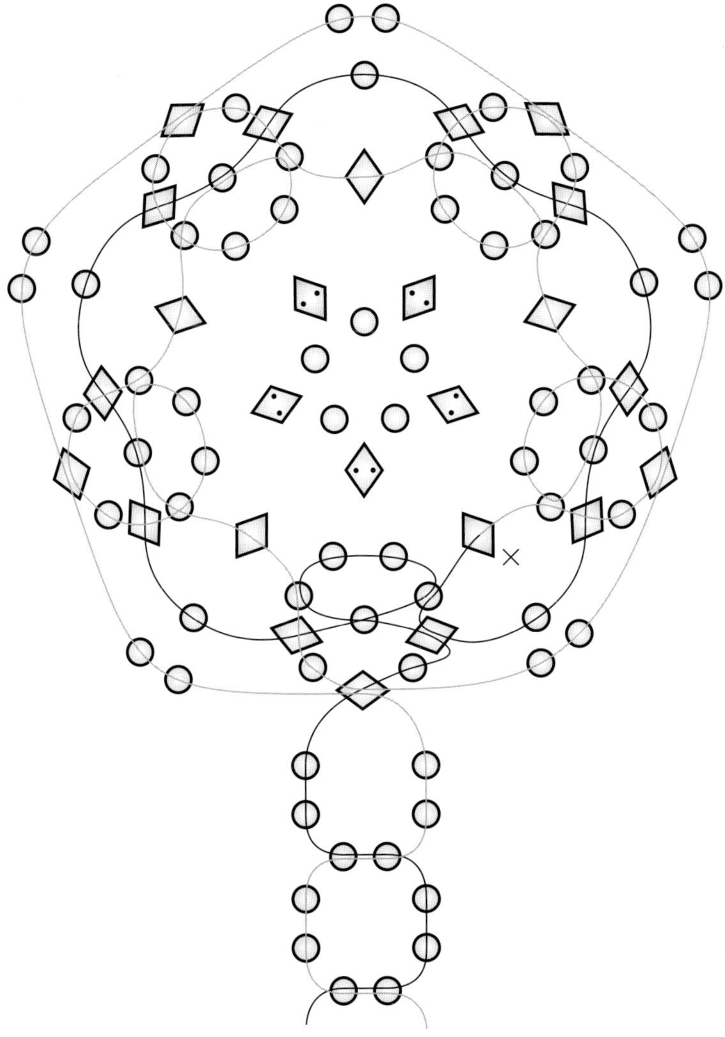

Ringsteg je nach Länge

Armband

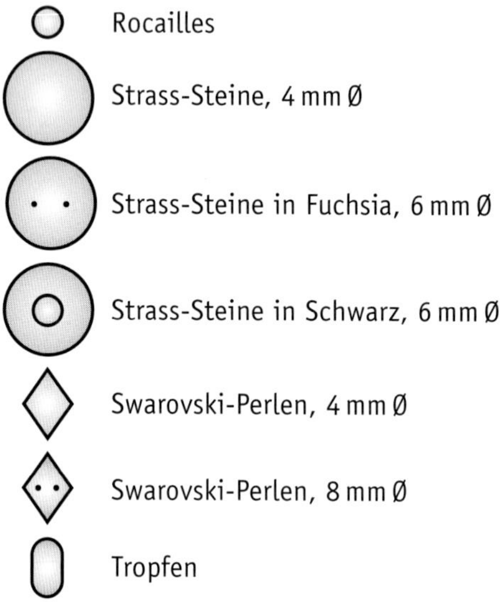

Schritt 1

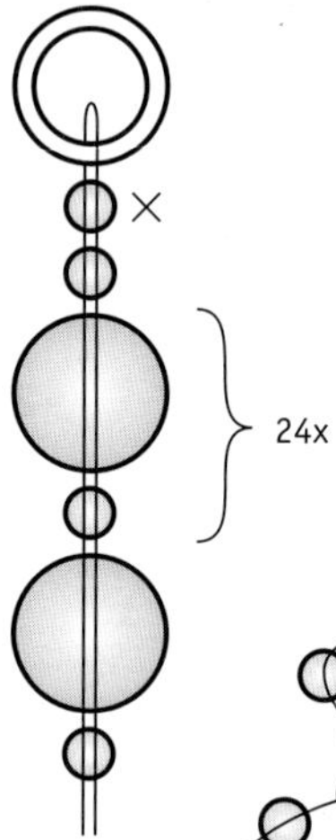

Schritt 2

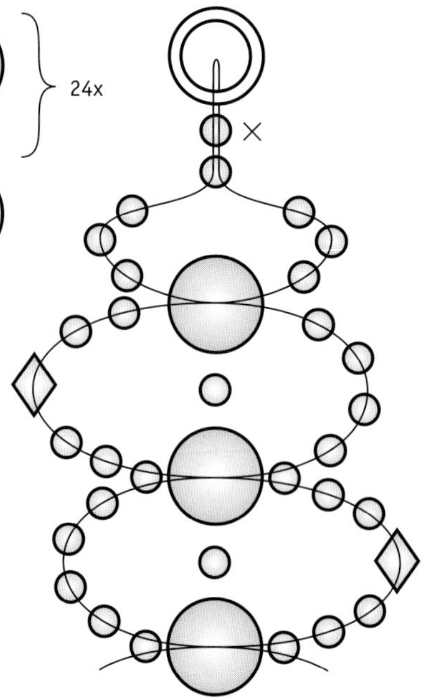

Kette

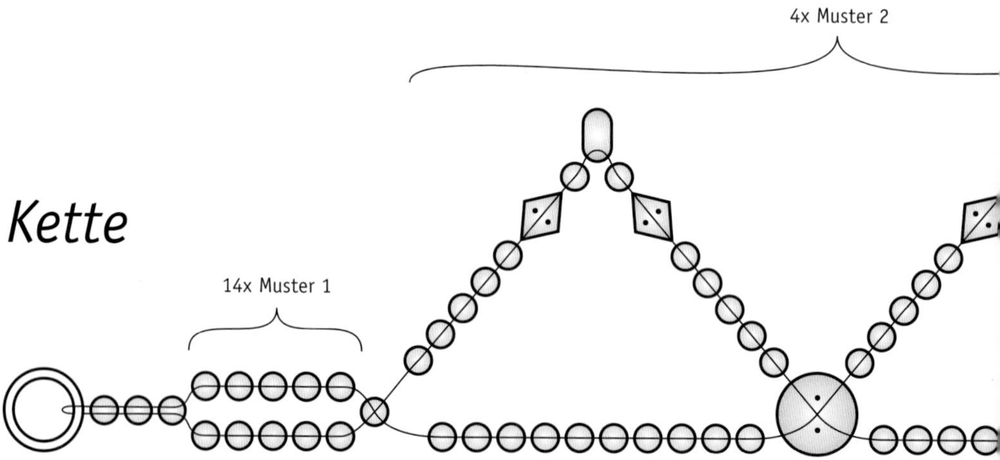

Kette

Rocailles, 2,5 mm Ø

Renaissance-Perlen, 6 mm Ø

Glasschliffperlen

Swarovski-Perlen, 4 mm Ø

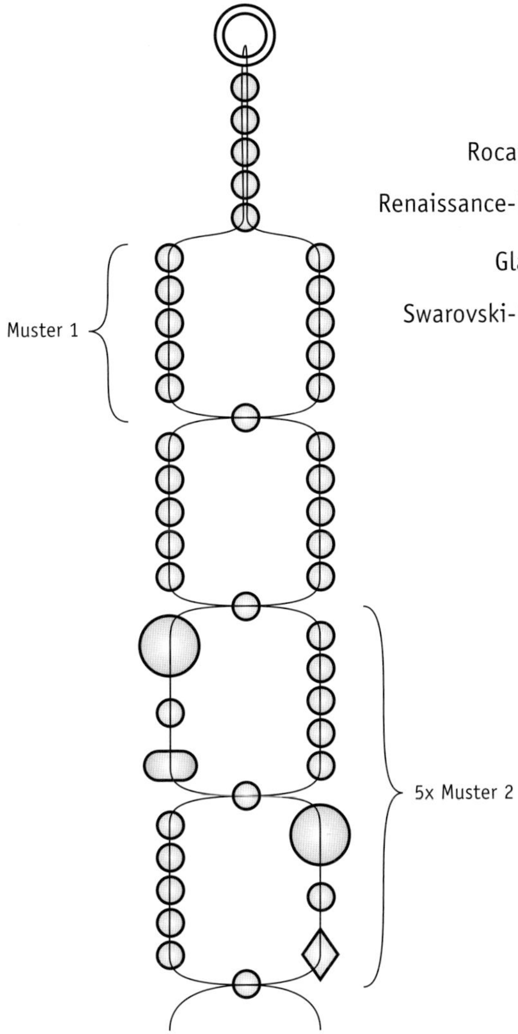

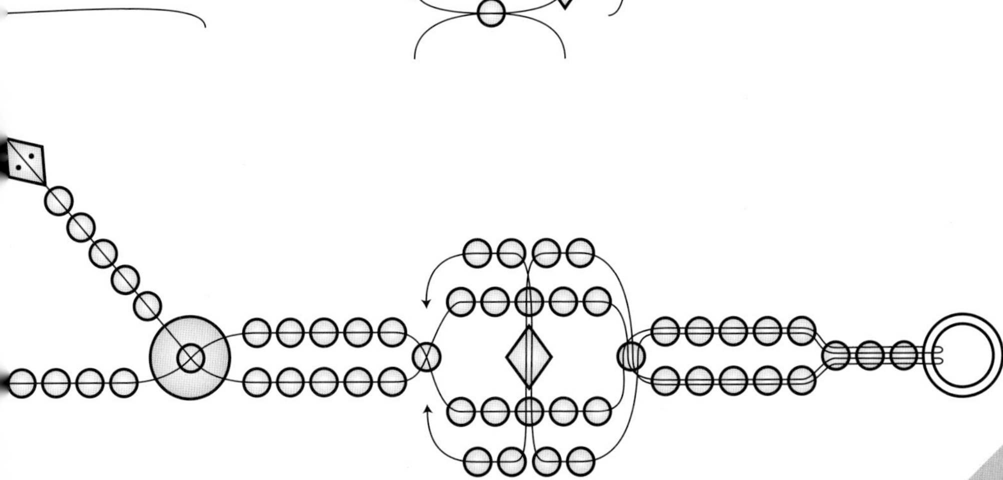

Ring mit Renaissance-Perlen
Ring mit Swarovski-Perlen

- Rocailles, 2,5 mm Ø
- Renaissance-Perlen, 6 mm Ø
- Swarovski-Perlen, 6 mm Ø
- Glasschliffperlen
- Swarovski-Perlen, 4 mm Ø

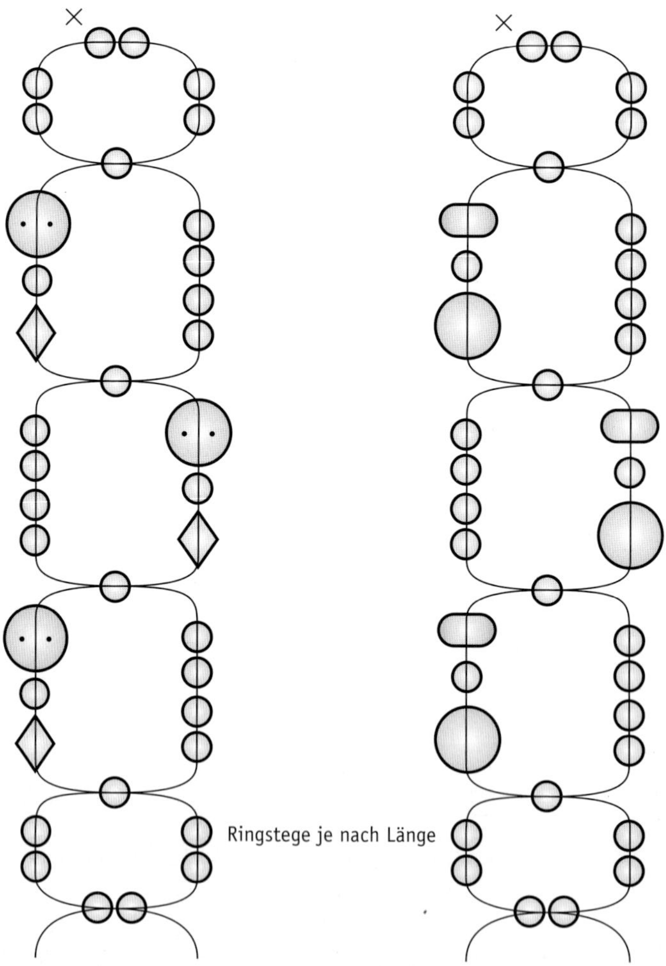

Schönes in Topas

Material

Schmetterlings-Kette (38 cm)

- Schmuckdraht oder Perlonfaden, 0,25 mm ∅, 4 m
- Herz-Verschluss in Gold
- 6 Quetschperlen in Gold
- 1 Dose Rocailles in Braun, 2,5 mm ∅
- 16 Swarovski-Strass-Steine in Hellgelb, 6 mm ∅
- 2 Swarovski-Strass-Steine in Schwarz, 6 mm ∅
- 24 Swarovski-Perlen in Indian Red, 4 mm ∅
- 6 Swarovski-Perlen in Topas, 4 mm ∅

Kette mit Kristall-Linsen (42 cm)

- Schmuckdraht oder Perlonfaden, 0,25 mm ∅, 2,5 m
- Karabiner-Verschluss in Gold, 1,8 cm
- 6 Quetschperlen in Gold
- 1 Dose Rocailles in Braun, 2,5 mm ∅
- 23 Swarovski-Perlen in Topas, 6 mm ∅
- 22 Swarovski-Perlen in Light Topas, 4 mm ∅

Ring

- Schmuckdraht oder Perlonfaden, 0,25 mm ∅, 1 m
- Rocailles in Braun, 2,5 mm ∅
- 22 Swarovski-Perlen in Light Topas, 4 mm ∅
- Glasperle mit Strass-Steinen in Braun, 10 mm ∅

Vorlagenheft
Seiten 15 – 18

Schmetterlings-Kette

Zwei 2 m lange Drähte doppelt nehmen und mittig am Verschluss befestigen. Auf alle Drähte drei Quetschperlen, dann auf je zwei Drähte jeweils zehn Rocailles fädeln und in einer Rocaille kreuzen. Wieder zehn Rocailles pro Seite aufziehen und in einer Swarovski-Perle kreuzen. Nun jeden Draht nach der Vorlage einzeln bestücken. Dabei sind die Rocailles nur in ihrer Stückzahl angegeben und nicht einzeln gezeichnet. Der Schmetterling ist ganz auf der Vorlage abgebildet. Die Kette gegengleich beenden.

Ring

1 Mit einer Swarovski-Perle in der Fadenmitte beginnen. Folgende Schritte zehnmal ausführen (Schritt 1): Auf einen Faden zwei Rocailles auffädeln, auf den anderen eine Rocaille. Die Fäden in einer Swarovski-Perle kreuzen. Zum Schluss das untere Fadenende durch den ersten Kreis nach außen führen, das andere Fadenende durch die zwei äußeren Rocailles.

2 Schritt 2: Mit dem rechten Faden eine Swarovski-Perle und eine Rocaille aufnehmen und die Fäden in einer Swarovski-Perle kreuzen. Immer außen eine neue Rocaille auffädeln, innen durch die zwei Rocailles der Vorrunde fädeln und in einer neuen Swarovski-Perle kreuzen. Zum Schluss die Perlen zur äußeren Rocaille führen. Die Fäden zusammenziehen, dabei die große Perle einsetzen und mit etwas Kleber in der Mitte fixieren. Den Ringsteg mit je zwei Rocailles arbeiten und die Fäden immer durch eine Rocaille kreuzen.

Anleitung für die **Kette mit Kristall-Linsen** siehe Vorlagenheft Seite 16.

Material

Kette (38 cm)

- 1 Dose Rocailles in Hellgrün, 2 mm ∅
- 51 Swarovski-Perlen in Chrysolite, 4 mm ∅
- 77 Wachsperlen in Grün, matt, 4 mm ∅
- 25 Wachsperlen in Grün, matt, 6 mm ∅
- Schmuckdraht oder Perlonfaden, 0,25 mm ∅, 3 m
- 2 Karabiner-Verschlüsse in Silber, 1,8 cm
- Spaltring in Silber

Armband (18 cm)

- 1 Dose Rocailles in Hellgrün, 2 mm ∅
- 13 Swarovski-Perlen in Oliv, 6 mm ∅
- 12 Swarovski-Perlen in Emerald, 6 mm ∅
- 50 Wachsperlen in Grün, matt, 6 mm ∅
- Schmuckdraht oder Perlonfaden, 0,25 mm ∅, 2,5 m
- 2 Karabiner-Verschlüsse in Silber, 1,8 cm
- Spaltring in Silber

Ring

- 28 Wachsperlen in Grün, matt, 4 mm ∅
- Rocailles in Hellgrün, 2 mm ∅
- 14 Swarovski-Kristallperlen in Oliv, 4 mm ∅
- Perlonfaden, 0,25 mm ∅, 1 m

Vorlagenheft

Seiten 19, 20

Modisches Grün

Kette

1 Eine kleine Wachsperle in die Drahtmitte (3 m) schieben. Mit der inneren Runde beginnen. Pro Seite vier Rocailles auffädeln und durch eine kleine Wachsperle kreuzen. Dieses Muster so oft wiederholen, bis 51 Wachsperlen verbraucht sind. In der letzten Runde die Drähte doppelt durch die Perlen führen: Nun liegen die Fäden rechts und links von vier Rocailles (s. Vorlage).

2 Dann die zweite Perlenreihe an die erste arbeiten. Mit dem äußeren Faden eine Swarovski-Perle, vier Rocailles und eine Swarovski-Perle auffädeln und den Faden durch die vier Rocailles der ersten Wachsperlenreihe führen. Mit dem anderen Faden die zweite Swarovski-Perle kreuzen und vier Rocailles aufziehen. In einer neuen Swarovski-Perle kreuzen und abwechselnd vier Rocailles aufnehmen oder durch die Rocailles der Vorreihe gehen. Die letzte Runde genauso arbeiten wie das Ende der ersten Reihe.

3 Die dritte untere Reihe genauso wie die zweite Reihe arbeiten, allerdings wieder mit Wachsperlen. Nach 13 kleinen Wachsperlen 25 große Wachsperlen und wieder 13 kleine Wachsperlen auffädeln. Zuletzt die Fäden in der Kette vernähen. Die Verschlüsse am Spaltring einhängen und in der Kette einhaken.

Das **Armband** mit 25 großen Perlen pro Reihe auf 2,5 m Faden oder Schmuckdraht genauso arbeiten wie die Kette, dabei die Farben der Swarovski-Perlen abwechseln. Den **Ring** nach dem gleichen Prinzip, aber nur mit zwei Rocailles pro Seite anfertigen. Nach der ersten Reihe die Fäden durch die erste Wachsperle führen und so den Ring schließen.

Material

Alle

- Schmuckdraht oder Perlonfaden, 0,25 mm Ø

Blaue Kette (44 cm)

- 1 Dose Rocailles in Schwarz, 2,6 mm Ø
- 4 Swarovski-Perlen in Montan, 4 mm Ø
- 8 Swarovski-Strass-Steine in Saphire, 4 mm Ø
- Swarovski-Strass-Stein „Tropfen“ in Topas, 10 mm
- 4 Swarovski-Strass-Steine „Tropfen“ in Blau, 10 mm
- Karabiner-Verschluss in Silber, 1,8 cm
- 6 Quetschperlen in Silber

Blauer Ring

- 6 Swarovski-Perlen in Aqua, 4 mm Ø
- 3 Swarovski-Strass-Steine „Tropfen“ in Blau, 10 mm
- Rocailles in Blutstein, 2,6 mm Ø

Ring in Topas & Kette in Topas (44 cm)

- Je 6 Swarovski-Kristall-Perlen in Kristall, 4 mm Ø
- Je 3 Swarovski-Strass-Steine „Tropfen“ in Topas, 10 mm
- Rocailles in Blutstein, 2,6 mm Ø
- Karabiner-Verschluss in Gold, 1 cm
- 6 Quetschperlen in Gold

Vorlagenheft

Seiten 20, 21

Edel zu Jeans

Bei der **blauen Kette** den 1,5 m langen Faden mittig am Verschluss einhängen. Drei Quetschperlen und 58 Rocailles auf beide Fäden ziehen. Dann viermal pro Faden je fünf Rocailles auffädeln und in einer Rocaille kreuzen. Anschließend viermal die Fäden in einem Strass-Stein kreuzen. Dann die Mitte arbeiten wie die Vorlage zeigt. Rocailles, Tropfen und Swarovski-Perlen auffädeln. Die Kette gegengleich abschließen. Die Fäden möglichst weit durch die Perlen zurückführen.

Bei den **Ringen** einen Tropfen in die Mitte des 80 cm langen Fadens schieben, mit beiden Fäden je eine Rocaille und einen Tropfen aufnehmen und durch eine Rocaille kreuzen. Pro Seite eine Rocaille auffädeln, jeweils durch die Tropfenspitze gehen und dann im Wechsel je eine Rocaille, eine Swarovski-Perle, eine Rocaille, eine Swarovski-Perle und eine Rocaille aufnehmen. Mit jedem Faden durch die dritte Tropfenspitze gehen und die Fäden zum Ausgangspunkt weiterführen, dabei in einer neu hinzugefügten Swarovski-Perle, einer Rocaille und einer Swarovski-Perle kreuzen. Den Ringsteg wie abgebildet auffädeln.

Der Anhänger der **Kette in Topas** wird genauso gearbeitet wie die Ringe (s. o.). Für den Kettenstrang (70 cm) je 100 Rocailles plus drei Quetschperlen auffädeln, den Verschluss einhängen und die Fäden möglichst weit durch die Perlen zurückführen.

Blaue Blumen

Material

Alle

- Schmuckdraht oder Perlonfaden, 0,25 mm ∅

Kette (45 cm)

- Micro-Wildlederband in Blau, 1 m
- Klemmverschluss für Lederbänder in Silber
- 2 Glasperlen mit großem Loch in Blau, 10 mm ∅
- 32 Swarovski-Perlen, rund, in Aqua, 6 mm ∅
- 22 Swarovski-Perlen in Emerald, 6 mm ∅
- 6 Swarovski-Perlen in Emerald, 4 mm ∅
- Rocailles in Hellblau, 2 mm ∅
- 16 Tropfenperlen in Blau, 6 mm ∅

Ring

- 3 Swarovski-Perlen in Emerald, 6 mm ∅
- 2 Swarovski-Perlen, rund, in Aqua, 6 mm ∅
- 8 Tropfenperlen in Blau, 6 mm ∅

Ohrringe

- 2 Swarovski-Perlen in Emerald, 4 mm ∅
- 8 Swarovski-Perlen, rund, in Aqua, 4 mm ∅
- 2 Tropfenperlen in Blau, 6 mm ∅
- Rocailles in Hellblau, 2 mm ∅
- 2 Ohrstecker in Silber
- Sekundenkleber

Vorlagenheft
Seiten 22 – 24

Kette

1 Zehn Rocailles in die Mitte des 1,5 m langen Fadens schieben. Den Faden in einer 6-mm-Perle kreuzen. Dann pro Seite je eine runde Swarovski-Perle auffädeln und die Fäden in einer 6-mm-Perle kreuzen. Diesen Schritt (Muster 1) insgesamt achtmal ausführen. Dann Muster 2 anfügen. Dazu auf einer Seite eine 4-mm-Perle, eine runde und eine 4-mm-Perle auffädeln. Auf der anderen Seite nur eine runde Swarovski-Perle aufziehen. Die Fäden in einer 6-mm-Perle kreuzen. Für die Mitte auf den äußeren Faden eine 4-mm-, eine 6-mm- und eine 4-mm-Perle fädeln, auf den inneren Faden nur eine 6-mm-Perle. In einer 6-mm-Perle kreuzen. Dann Muster 2 und Muster 1 wiederholen.

2 Danach mit dem Faden durch die Kette zurückgehen bis zur zweiten 6-mm-Perle. Dort die „Blume" nach der Vorlage vom Ring (Schritt 1 und Schritt 2) arbeiten: Pro Seite zwei Tropfenperlen auffädeln, in der nächsten mittleren Swarovski-Perle kreuzen, je einen Tropfen pro Seite aufreihen, mit beiden Fäden durch eine neue 6-mm-Perle gehen und je eine Tropfenperle aufziehen. Die Fäden zurückführen und in der ersten 6-mm-Perle erneut kreuzen. Die Fäden durch die Kette bis auf die andere Seite zur gleichen Position führen. Dort eine zweite Blume arbeiten.

3 Die Fadenenden vernähen. Das Lederband teilen und je einen Teil mittig durch die Schlaufe aus Rocailles ziehen und eine große Glasperle aufschieben. Das Band jeweils im Verschluss einklemmen und festkleben.

Die Anleitung für den **Ring** befindet sich im Vorlagenheft auf Seite 23, die Anleitung für die **Ohrringe** auf Seite 24.

Prachtvolle Ringe

Material

Alle

- Perlonfaden, 0,25 mm ∅, 0,8 m

Ring in Orange-Rot

- 5 Swarovski-Perlen in Hyazinth, 4 mm ∅
- 25 Swarovski-Perlen in Burgundy, 4 mm ∅
- Rocailles in Rot, 2 mm ∅

Ring in Grautönen

- 30 Swarovski-Perlen in Indian Saphire, 4 mm ∅
- Rocailles in Grau, 2 mm ∅

Ring in Rot-Schwarz

- 20 Swarovski-Perlen in Hyazinth, 4 mm ∅ (Farbe B)
- 5 Swarovski-Perlen in Burgundy, 4 mm ∅ (Farbe A)
- Rocailles in Schwarz, 2 mm ∅

Ring in Grau-Grün

- 20 Swarovski-Perlen in Indian Saphire, 4 mm ∅ (Farbe B)
- 5 Swarovski-Perlen in Peridot, 4 mm ∅ (Farbe A)
- Rocailles in Schwarz, 2 mm ∅

Vorlagenheft

Seiten 25 – 29

Ring in Orange-Rot und Ring in Grautönen

1 Diese beiden Ringe bestehen aus fünf Kreisen, die um einen Innenkreis angeordnet sind. Alle Kreise werden nacheinander aufgefädelt. Den ersten, innen liegenden Kreis beim Ring in Orange-Rot mit Swarovski-Perlen in Hyazinth arbeiten, die fünf anderen Kreise mit Perlen in Burgundy.

2 Erster bis fünfter Kreis: Eine Swarovski-Perle aufnehmen, dann links eine und rechts drei Rocailles. Durch eine Swarovski-Perle kreuzen. Diesen Schritt viermal wiederholen, dabei am Schluss mit dem linken Faden durch die Ausgangsperle sowie durch drei neu aufgezogene Rocailles gehen. Den rechten Faden noch einmal durch die äußeren Rocailles führen.

3 Wenn nach dem fünften Kreis die Fäden durch alle äußeren Rocailles geführt werden, dabei sofort zwei Rocailles für den Ringsteg auffädeln. Zum Schluss durch zwei Rocailles kreuzen und den Steg mit je vier Rocaille beginnen und immer in zwei Rocailles kreuzen. In die zwei Rocailles auf der Gegenseite einhängen.

Die Anleitung für den **Ring in Rot-Schwarz** und den **Ring in Grau-Grün** befindet sich im Vorlagenheft auf Seite 28.

Zarter Amethyst

Material

Kette (42 cm)

- 16 Swarovski-Perlen in Amethyst, 8 mm ∅
- 8 Glastropfen in Violett, 5 mm ∅
- 4 Swarovski-Strass-Steine in Fuchsia, 6 mm ∅
- 3 Swarovski-Strass-Steine in Jet, 6 mm ∅
- 26 Swarovski-Perlen in Light Rosa, 4 mm ∅
- Rocailles in Schwarz, 2,5 mm ∅
- Knebel-Verschluss in Silber, 1,5 cm ∅
- 6 Quetschperlen in Silber
- Schmuckdraht oder Perlonfaden, 0,25 mm ∅, 2 m

Armband (18 cm)

- Rocailles in Blutstein, 2,5 mm ∅
- 23 Swarovski-Perlen in Light Rosa, 4 mm ∅
- 24 Swarovski-Strass-Steine in Light Rosa, 4 mm ∅
- Karabiner-Verschluss in Silber, 1,5 cm ∅
- 6 Quetschperlen in Silber
- Schmuckdraht oder Perlonfaden, 0,25 mm ∅, 1,5 m

Vorlagenheft

Seiten 30, 31

Kette

Den Faden (2 m) mittig am Verschluss einhängen. Drei Quetschperlen und drei Rocailles auf beide Fäden schieben, dann Muster 1 insgesamt 14-mal nach der Vorlage anfertigen. Dann Muster 2 anfügen. Das Muster viermal arbeiten, dabei die Farben des Kristalls wechseln. Die Kette mit 13-mal Muster 1, Rocailles, Quetschperlen und dem Verschluss beenden. Die Fäden zurückführen und ab dem zweiten Muster 1 pro Faden zwei Rocailles auffädeln, in einer 4-mm-Perle kreuzen, erneut je zwei Rocailles aufziehen und in der mittleren Rocaille des Stranges kreuzen. Die Fäden durch die Mitte führen und die andere Seite gegengleich bearbeiten.

Armband

Den Faden im Verschluss einhängen. Quetschperlen und zwei Rocailles auf beide Fäden schieben. Einen Strass-Stein und eine Rocaille 24-mal im Wechsel auf beide Fäden ziehen (Schritt 1). Zwei Rocailles und drei Quetschperlen auffädeln, den Verschlusse einhängen und die Fäden hinter die zwei Rocailles zurückführen. Auf jeden Faden drei Rocailles fädeln und durch den Strass-Stein kreuzen. Auf einen Faden vier Rocailles, auf den anderen Faden zwei Rocailles, eine Swarovski-Perle und zwei Rocailles fädeln (Schritt 2) und durch eine Rocaille, den Strass-Stein und eine weitere Rocaille kreuzen. Diesen Vorgang gegengleich wiederholen, sodass die Swarovski-Perle auf unterschiedlichen Seiten sitzt.

Frisches Gelb-Grün

Material

Kette (44 cm)
- 1 Dose Rocailles in Maigrün, 2,5 mm ∅
- 1 Dose Renaissance-Perlen in Creme, 6 mm ∅
- 1 Dose Glasschliffperlen in Gelb, 4 mm ∅
- 10 Swarovski-Perlen in Peridot, 4 mm ∅
- 8 Swarovski-Perlen, rund, in Gelb, 6 mm ∅
- 6 Quetschperlen in Gold
- Schmuckdraht oder Perlonfaden, 0,25 mm ∅, 1,5 m
- Karabiner-Verschluss in Gold, 1,5 cm ∅

Ring mit Renaissance-Perlen
- Rocailles in Maigrün, 2,5 mm ∅
- 3 Renaissance-Perlen in Creme, 6 mm ∅
- 3 Glasschliffperlen in Gelb, 4 mm ∅
- Perlonfaden, 0,25 mm ∅, 0,5 m

Ring mit Swarovski-Perlen
- Rocailles in Maigrün, 2,5 mm ∅
- 3 Swarovski-Perlen rund in Gelb, 6 mm ∅
- 3 Swarovski-Perlen in Peridot, 4 mm ∅
- Perlonfaden, 0,25 mm ∅, 0,5 m

Vorlagenheft
Seiten 31, 32

Kette

1 Den 1,5 m langen Draht mittig am Verschluss einhängen. Auf beide Drähte drei Quetschperlen und fünf Rocailles fädeln. Dann pro Draht zweimal Muster 1 arbeiten: Je fünf Rocailles aufziehen und in einer Rocaille kreuzen. Nun beginnt Muster 2: Auf einem Draht eine Renaissance-Perle, eine Rocaille und eine Glasschliffperle, auf den anderen Draht fünf Rocailles auffädeln und die Drähte in einer Rocaille kreuzen. Dann das Muster gegengleich arbeiten, aber eine 4-mm-Swarovski-Perle statt der Glasschliffperle verwenden.

2 Fünfmal dieses Muster ausführen, dann achtmal die 4-mm-Swarovski-Perle durch die 6-mm-Swarovski-Perle ersetzen und wieder fünfmal die 4-mm-Perle verwenden. Mit zweimal Muster 1, fünf Rocailles, den Quetschperlen und dem Verschluss enden.

Für den **Ring mit Renaissance-Perlen** sechs Rocailles in die Fadenmitte (50 cm) schieben, durch eine Rocaille kreuzen und dreimal das Muster arbeiten. Den Steg mit je zwei Rocailles pro Faden anfügen und die Fäden immer durch zwei Rocailles kreuzen.

Den **Ring mit Swarovski-Perlen** im gleichen Prinzip, aber mit anderen Perlen nach separater Zeichnung auffädeln. Das Muster insgesamt dreimal aufziehen. Dann den Steg anfügen. Dazu pro Faden je zwei Rocailles auffädeln und die Fäden immer durch zwei weitere Rocailles kreuzen.

Impressum

ISBN 3-419-56677-8

2. Auflage 2005

Lektorat:
Irmgard Böhler, Wiesbaden

Styling und Fotos:
Roland Krieg, Waldkirch

Covergestaltung und Layoutentwurf:
Network!, München

Gesamtproduktion:
smp, Freiburg

Druck:
Freiburger Graphische Betriebe

Verlag Herder GmbH
Christophorus-Verlag
Hermann-Herder-Str. 4
79104 Freiburg

Tel.: 0761/2717-0
Fax: 0761/2717-352

E-Mail:
info@christophorus-verlag.de
www.christophorus-verlag.de